國家社科基金重大項目（10&ZD104）

上海師範大學古籍整理研究所編
項目首席專家、主編　戴建國
主編　朱易安　傅璇琮　周常林

国家出版基金项目
NATIONAL PUBLICATION FOUNDATION

全宋筆記

第七編

八

大象出版社

顧　　問　王水照　朱瑞熙　徐　規　李裕民

項目首席專家、主編　戴建國

主　　編　朱易安　傅璇琮　周常林

編纂委員會（以姓氏筆劃爲序）

王劉純　朱易安　李亞娜　周常林　俞　鋼　查清華

徐時儀　陳　新　張劍光　傅璇琮　虞雲國　戴建國

目録

⊙江萬里撰

宣政雜録

李偉國　整理

點校説明

《宣政雜録》，江萬里撰。江萬里（一一九八—一二七四），字子遠，號古心，南康軍都昌（今江西都昌）人，以太學舍選出身，歷池州教授，試館職，知吉州，創白鷺洲書院。入直秘閣，權知隆興府，創宗濂書院。度宗朝遷參知政事，進封南康郡公，累官至左丞相兼樞密使。咸淳十年卒，年七十七。《宋史》卷四一八有傳。

理宗、度宗委政于外戚賈似道（宋理宗賈妃之弟），朝政紊亂。江萬里撰《宣政雜録》一書，蒐集北宋徽宗政和、宣和年間作爲「靖康之難」先兆與預言的奇異怪聞。宋徽宗重用權奸蔡京、童貫等，致朝政腐敗，國事荒芜，最後導致「靖康之難」，徽、欽兩帝成爲金人的俘虜。南宋末年和北宋末年政和、宣和時期的政治相類似，國君昏庸無能，國柄操於權奸賈似道之手，在强敵面前乞降求和，對抗戰派人士大加打擊、排擠。江萬里希望人們能借此清醒頭腦，以「靖康之恥」作爲一面鏡子，重振朝綱，鞏固南宋的半壁江山，用心良苦。

此書既稱雜録，其内容多非出於自撰，而係摘抄，然查其史源，今僅有《唐述志碑》一條或出於宋趙明誠《金石録》卷第二十五跋尾十五（《四部叢刊》續編景舊鈔本）。

明以來各書引用此書頗多，《臻蓬蓬》等條尤被反覆引用，可見後人不以其篇幅甚小而忽視之，亦可見其特有的史料價值。

據《國史經籍志》、《澹生堂書目》，此書應有兩卷，然今祇存《説郛》兩種本、《歷代小史》本、《古今説海》本。各本條數，除明刻《歷代小史》少第一條外，均相同，疑均出自《説郛》之本，而在《説郛》兩種中，又以張宗祥校勘之明鈔一〇〇卷本較爲精善，且各條均有標目。今即以此本爲底本而校以其他各本。從今存之《永樂大典》和《宋會要輯稿》中輯得佚文三條，附於書後。不當之處，尚祈讀者指正。

狐登御座

政和壬寅，有狐登崇政殿御座。衛士晨起叱狐不動，呼衆逐之，至西廊下不見。即日得旨壞狐王廟。亦胡犯闕之先兆也。

人妖

宣和初，都下有朱節，以罪置外州。其妻年四十許，居望春門外，忽一夕，頤頷痒甚，至明，鬚出長尺餘。後召問其實，莫知所以。賜度牒，爲女冠，居于家。蓋人妖而女，胡犯闕之先兆也。又淮南民家兒四歲，自耳目下皆生髯，長寸餘，能作大字。其父入都，持兒示人，日得數緡。月餘，人傳曰：「于某處看胡兒也。」亦胡寇之警云。

詞讖

宣和初，收復燕山，以歸于朝。金民來居京師，其俗有《臻蓬蓬歌》，每扣鼓和「臻蓬蓬」之音爲節而舞，人無不喜聞其聲而効之者。其歌曰：「臻蓬蓬，外頭花花裏頭空，但看明年正二月，滿城不見主人翁。」詞本虜讖，故京師不禁。然次年正月，徽宗南幸。次年，二聖北狩。又其伎有以數丈長竿繫椅于杪，伎者坐椅上，少頃，下投于尖刀所圍小棘坑中，無偏頗之失。未投時，念詩曰：「百尺竿頭望九州，前人田地後人收。後人收得休歡喜，更有收人在後頭。」此亦虜讖，而召禍可怪。

白芝

政和中，宗室士頓所居鈍軒，忽生白芝數本於梁棟上，因易名「芝軒」，賓客詠歌，以爲和氣。次年，士頓死。又一年，賜所居入四聖觀，族衆散徙。蓋不祥也。壬寅春，太傅王黼賜第，有白芝生于正寢，附卧榻後屏風而出，又一本在廳事照壁上。隔六年，有戮身之禍。

墓屍化蛇

宣和庚子，滄州南皮縣弓手張德，平日以健勇擒捕有獲，然多及平人，因瘟疫死半歲，墓中忽有聲。人報其子往視，則墓已穴，父出其面，真是也。及破墓欲出之，則身變白蛇。子驚問曰：「何爲異類？」父曰：「我以殺平人多，獲此報。子可作屋，置我于中，開竅于頂，時出，頭四望，以肉飼我，日十餘斤足矣。年餘，身漸大，所食增多，家貧，謂其子曰：「我雖壞爾財物，切無害我。若殺我，則十二年後復生爲純白蛇，則天下兵矣。」子憤其妖，曰：「此正喪門神也！殺之乃所以止兵。」乘醉礪刃斷之，蛇奮躍展轉村落間，壞屋宇桑麻數里。

孝子

宣和中，都下趙倚年十二，隨母嫁里中田生。生勇于力，母每遭毒手。積六年，倚每見母被凌辱，即勸母去，母終無意。一日，倚病，母遭叱詈，倚病中憤鬱，因力遣母出買藥。時田生尚寢，乃闔户持刀殺田生，連砍十餘下，以力弱不能中要害，而田亦宛轉血中。鄰人排闥入，倚曰：「吾母以身歸田生，執爨具飯，乳子澣衣，勤勞旦夕，而未嘗得田生一善言。爲人子者，得不痛心！恨吾病甚，不能力斷其首。」即以刀付邏卒，束手就執。既行，猶回視諸人曰：「好眠吾母。」行人皆爲之泣下。獄察其孝，亦爲奏讞。上哀其誠，止從杖而編置焉。

孝女

政和中，濟南府禹城縣孝義村崔志有女甚孝，母卧病久，冬忽思魚食而不可得。其女曰：「聞古者王祥卧冰得魚，想不難也。」兄弟皆曰：「盡信書則不如無書。汝女子，何妄論古今？」女曰：「不然。父母有兒女者，本欲養生送死，兄謂女不能邪？」乃同乳媪焚香誓天，即往河中卧冰，凡十日，果得魚三尾，鱗鬣稍異，歸以饋母。食之，所病頓愈。人或問方卧冰時，曰：「以身試冰，殊不覺寒也。」

唐汰僧碑

濟南府開元寺，因更修掘地得古碑，蓋會昌中汰僧碑也。字皆刓缺磨滅，不可讀。惟八字獨存，云：「僧盡烏巾，尼皆緑鬢。」僧惡而碎之，後有詔改「德士」，遂符碑言。

唐述志碑

唐武后《昇中述志碑》，后自撰，睿宗書，極壯偉，在嵩山下。政和中，河南尹上言，請碎其碑，詔從之。

通同部

靖康初，民間以竹徑二寸長五尺許，冒皮于首，鼓成節奏，取其聲似曰「通同部」。又謂製作之法曰：「漫上不漫下。」通衢用以爲戲云。

兒生兒

建炎戊申，鎮江府民家兒生四歲，暴得腹脹，經數月，臍裂，有兒從裂中生，眉目口鼻，人也，但頭已下手足不分，莫辨男女，又出白汁斗餘。三日，二子俱死。

丙午

徽宗崇寧間，曾夢青童自天而下，出玉牌，上有字曰：「丙午昌期，真人當出。」上覺，默疏于簡札，謂丙午年是昌盛之時，真仙當降，乃預製詔書，具陳夢意，令天下尋訪異人。以詔揭于寶籙宫。然四方了無異人至。乙巳冬内禪，欽宗即位，意當丙午之期矣，而次年金人犯順，有北狩之禍。僕實從徽宗北行，每語青童夢，怪其無驗，後乃悟曰：「豈丙午是猖獗之期，而女真之人出也？」蓋事未經變，不能悉其婉言。

還鄉橋石

徽宗北狩，經薊縣梁魚務，務有還鄉橋石，少主命名，人至今呼之。上曰：「吾乃比亂世之主？後聖必能力伸此寃，令我回經此橋。」因不食而去。

犬妖

宣和五年間，每夜漏三鼓，街衢稍寂，滿耳聞犬吠聲，勢若舉禁城内百萬之犬俱吠，無復聞人聲。每深夜獨行，附近察遠，傾耳聽之，不見犬也。當時已爲異。及靖康末，虜犯京師，至今都下始悟其兆【一】。《晉書》載廬江何氏家忽聞地中有犬聲，掘得一犬，並雌雄二雛。後里中猶爲蠻夷所没，況此聲舉城之多耶！

詩讖

徽宗遜位前一年，中秋後，在苑中賦晚間景物，一聯云：「日射晚霞金世界，月臨天宇玉乾坤。」寫示臣下，謂甚得意。臣下稱贊「取對精切，韻格高勝。聖學非從臣可及。」然次年戎馬犯順，後國號金，亦先兆「金世界」也。

【一】至今都下始悟其兆　「下」，原作「之」，據《歷代小史》本改。

佚文

辟廱

辟廱興於崇寧，而廢於宣和。中更輔相，數欲廢而未暇。張無盡在朝曰：「我有大鎖一量，終欲鎖辟廱而後已。」聞者笑曰：「鎖則有開時，未見其廢也。」果不能鎖。後王將明爲相，遂與醫學俱廢。（《永樂大典》卷六六二）

心疾

宣和乙巳五月間，禁中有事務。内人忽發心疾，自永巷直犯木圍。力士輩莫能挽，於是怖之曰：「官家來！」曰：「不畏！」又舉后妃，皆不省。或曰：「太子來！」始伏地連聲曰：「畏，畏！」人莫知所以。是冬徽宗遜位，方驗。（《永樂大典》卷二〇三一〇）

虹異

靖康丙午，金人犯闕，駐兵牧養監。時未講好。一夕，二更後有兩虹氣，長五尺許，并出東北。在南者直侵北，相戛久之，遂合爲一，移刻方銷。天文奏曰：「此氣金人合自逃，及應移寨。不爾，虜無歸路。」至明日，探至，虜移寨謨駝崗矣。（《宋會要輯稿》瑞異二之一五）

⊙方　岳撰

深雪偶談

李偉國　整理

點校説明

《深雪偶談》一卷，方岳撰。宋詩人名方岳者有二人，一字巨山，號秋厓，歙縣（今屬安徽）人；此方岳字元善，號菊田（一作匊田），寧海（一作天台，今屬浙江）人。

方岳之生平事蹟資料極少。劉克莊《方潛仲墓誌銘》：「潛仲方氏，名清孫，幼敏悟絶出。……初，族叔祖瑞州通守祖同長子監温州雙穗場元善無子，欲子潛仲，父兄莫許也。既而通守與潛仲之父皆卒，潛仲卒後，元善事所後父若本生父，待兩家骨肉情義如一。」（《後村先生大全集》卷一五二）可知方元善爲方祖同長子，曾官監温州雙穗場。又《宋史》卷四百一十六《向士璧傳》：「似道入相，疾其功，非獨不加賞，反諷監察御史陳寅、侍御史孫附鳳一再劾罷之，送漳州居住。又稽守城時所用金穀，逮至行部責償。幕屬方元善者，極意逢迎似道意，士璧坐是死。復拘其妻妾而徵之。其後元善改知吉水縣，俄歸得狂疾，常呼『士璧』。」書中《梅花單題難工》條，引賈似道「梅花見處多留句，諫草藏來定得名」之句，以爲「圓妥優游」，未免近於諂，與「幕屬方元善者，極意逢迎似道意」相合。如此，則方元善曾爲向士璧幕屬，後改知吉水縣。

關於方岳之行年，書中《山谷中秋詩》條有：「淳祐初，僧友自南，嘗從天竺歸隱溪之南岡，余冬夕踏葉訪之……縷指二十霜矣。自南師既亡，余亦就老，恨前遊之不能踐也。」理宗淳祐元年爲一二四一年，下推二十年，爲理宗景定二年，應是其著此書之年。此時方岳已老。

方岳曾有詩集，舒岳祥《閬風集》卷一〇《劉士元詩序》：「往時荆谿公主斯文齊盟，作《匊田方元善詩序》，誦者瑯瑯一舌。……初，薛沂叔泳從趙天樂游，得唐人姚賈法，晚歸寧海，爲人鋪説，聞者心目鮮醒，而匊田閉户覓句，惟取其清聲切響，至於氣初之精，才外之思，元善蓋自得之，而非有所授也。」

方岳之詩作大多散佚。宋陳郁《藏一話腴》乙集卷上：「近台寧海方元善岳一絶云：『聳兩吟肩似我愁，菰蒲葉下一身秋。溪風昨夜吹魚落，飛過前灘看水流。』亦佳甚。嘗著《梅》行於世云。」

本書實爲詩話，觀其論詩頗主性情，推崇陶淵明及唐代詩人。其中所保存之諸多詩人及其作品資料，宋末以來屢被引用。其文學與文獻價值自不可掩。

此書流傳的版本，有《學海類編》本、《説郛》宛委山堂一百二十卷本、清曹琰鈔本等，各本均頗多訛誤。這次整理，以《學海類編》本爲底本，校以各本。

西山公云：「近世評詩，皆曰淵明之辭甚高，而其旨出於老、莊；康節之辭若卑，其旨則原於《六經》。以予觀之，淵明之學，正自經術中來，故形於詩，自不可掩。『榮木』之奄憂，『逝川』之嘆也；『貧士』之詠，『簞瓢』之樂也。《飲酒》末章有曰：『羲農去我久，舉世少復真。汲汲魯中叟，彌縫使之淳。』淵明之智，足以及此，豈玄虛之士，所能望耶？」其説誠是矣。余謂淵明、康節二公之作，辭近旨遠，至如淵明，能言之士，莫不愛而慕之，況西山公乎！然「榮木」、「貧士」方之「逝川」「簞瓢」，幾於牽合之論，真知淵明，不必視此。若夫食薇飲水之言，銜木填海之喻，睠睠王室，實有乃祖長沙公之心，惜其力不得爲而止。此則西山發微之論，非獨義熙以後不著年號，爲恥事二姓之驗而已。淵明詩，有謂其詞彩精拔，斯言得之。而後山顧謂其切於事情，而失之不文」，後山體裁既變，音節已殊，將自外於淵明者非耶？然於康節又何以評之？

淵明《飲酒詩》云：「客養千金軀，臨化消其寶。」以寶喻軀，軀失則寶亡矣。坡公云：「人言靖節不知道，吾不信也。」范石湖田園雜詩，驗物切近，但句律太憑力氣，於唐人之藩尚窘步焉。然絶句中有「可憐世上金和寶，借爾閒看七十年」，唐人所無，可謂砭流俗之膏肓矣。以軀爲寶，殆與斯言對壘。人謂石湖未知道，余亦不之信也。

賈閬仙，燕人，産寒苦地，故立心亦然。誠不欲以才力氣勢【一】，掩奪情性；特於事物理態，毫忽體認。深者寂入仙源，峻者迥出靈嶽。古今人口數聯，固於劫灰之上【二】，泠然獨存矣。至以其全集，經歲逾紀，沉咀細繹【三】，如芊葱佳氣，瘦隱嘯咏【四】，徐露其妙，令人首肯，無一可以厭斁。三折肱爲良醫，豈不信然！同時喻鳧【五】、顧非熊，繼此張喬、張蠙、李頻、劉得仁，凡晚唐諸子，皆於紙上北面，隨其所得淺深，皆足以終其身而名後世。獨李洞佛名閬仙，所謂瓣香之師，執而不弘，捧心過甚，空圓蕭散之氣，不復少有，豈非不善學柳下惠邪！司空表聖，後輩也【六】，本用其機，反以閬仙非附寒澀，無所置才。坡公不細考，亦然其言，獨非叛道者歟？不然，則隸者不力，其文擠而實。子則歸敬閬仙也亦至矣。

四言，自韋孟【七】、司馬遷、相如、班固、束皙、陶潛、韓愈、柳完元、梅堯臣、歐陽修、王安石、蘇軾，工拙略見。嘗怪五言而上，世人往往極其才之所至，而四言，雖文辭巨伯，輒不能工。水心有是言矣，後村、劉潛夫，亦以四言尤難，《三百五篇》在前之故。韋氏云：「誰謂華高，企其齊而。誰謂德難，厲其庶而。」使經聖筆，亦不能删。余思四言如律以《三百五篇》，則韋氏爲工。世殊體異，後之銘詩，莫非四言也。安石以上諸公，未暇深論。如蘇公所撰《范蜀公誌銘》云：「君實之用，出而時施。如被水火，消除渴飢。公雖

【一】誠不欲以才力氣勢　「才力氣勢」，原作「下氣力勢」，據《説郛》本改。

【二】固於劫灰之上　「灰」原作「天」，據《説郛》本改。

【三】沉咀細繹　原作「咀繹」，據《説郛》本改。

【四】瘦隱嘯咏　「嘯咏」，《説郛》本作「秀脉」。

【五】同時喻鳧　「鳧」原作「亮」，據《説郛》本改。

【六】後輩也　「也」原作「之」，據《説郛》本改。

【七】韋孟　「韋」原作「常」，據《説郛》本改。

不用，亦相其行。如彼山川，出雲相望。」余每展卷，輒爲擊節。在儋耳作《觀碁詩》，記廬山白鶴觀，觀中人皆闔户晝睡，獨聞碁聲，云：「五老峰前，白鶴遺址。長松蔭庭，風日清美。我時獨遊，不聞一士。誰歟碁者，户外屨二。不聞人聲，惟聞落子。」其寂寞冷落之味，可以想見。坡公四言，于古近體中句語，無適而不高妙已。

牧之《赤壁詩》：「折戟沈沙鐵未消，自將磨洗認前朝。東風不與周郎便，銅雀春深鎖二喬。」許彦周不諭此老以滑稽弄翰，每每反用其鋒，輒雌黄之，謂孫氏霸業，繫此一戰，宗廟邱墟皆置不問，乃獨含情妖女。豈非與癡人言，不應及於夢也？劉禹錫《題蜀王廟》云：「凄凉蜀故妓，歌舞魏宫前。」亦是此意【八】，惟增悽感，卻不主于滑稽耳。本朝諸公喜爲論議，往往不深論唐人主于性情，使雋永有味，然後爲勝。牧之處唐人中，本是好爲論議，大槩出奇立異。如《四皓廟》：「南軍不袒左邊袖，四皓安劉是滅劉【九】。」如《烏江亭》：「勝敗兵家未可期，包羞忍恥是男兒。江東子弟多才俊，卷土重來未可知。」要之「東風」借便與「春深」數箇字，含蓄深窈，與後一詩遼絶矣。皮日休《館娃懷古》：「綺閣飄香下太湖，亂兵侵曉上姑蘇。越王大有堪羞處，只把西施賺得吴。」亦是好以議論爲詩者。余最愛竇庠《新入諫院喜内子至》一絶：「一旦悲歡見孟光，十年辛苦作滄浪。不知筆硯緣封事，獨問傭書日幾行。」使彦周評此，則以竇氏内爲不解事婦人矣。所謂癡人前説夢也。牧之五言云：「欲識爲詩苦，秋霜若在心。」雖格力不齊，各自成家，然

【八】亦是此意　原作「亦意」，據《説郛》本改。

【九】如四皓廟……滅劉　按此十八字原脱，據《説郛》本補。

無有不自苦思而得也。

山谷《中秋》詩云：「寒藤老木被光景，深山大澤皆龍蛇。」蓋本尤氏「深山大澤，實生龍蛇」之語【一〇】，用事誠有據，景趣似差乏爾，然未失爲佳。坡公《月夜與客飲酒杏花下》詩：「杏花飛簾散餘春，明月入户等幽人。褰衣步月踏花影，烱如流水涵青蘋。」「流水」、「青蘋」之喻，景趣盡矣，前人未嘗道也。獨杏花影下、洞簫聲中著此句辱爾。及《志林》所記徐州時：「冬夜解衣欲睡，月色入户，欣然起行，念無與樂者，遂至承天寺，尋張懷民，亦未寢，相與步於中庭。庭下如積水空明，水中蘋藻交横，蓋竹柏影也。何夜無月？何處無竹柏？但少閒人如吾兩人爾。」使施前句於斯時，豈非稱歟？淳祐初，僧友自南，嘗從天竺歸隱溪之南岡。余冬夕踏葉訪之，小庵迎吠，時佛燈猶在，啓關煮茗【一一】。既而侶行溪閒，篙小舟，自拜龍巖順流東下，誦坡、谷詩，徘徊久之。舍舟登岸，借僧裘禦寒而返。縷指二十霜矣。嘗感舊有詩：「昔年訪月寒溪頭，霜高酒劣稜生裘。溪僧徹寢從吾幽，共移不繫漁人舟。斷崖老木紛金虯，又如蘋藻涵清流。鶴骨浸煩風露憂，妙語滿地無人收。」蓋指二公詩。自南師既亡，余亦就老，恨前遊之不能踐也。

梅花單題難工，尚矣。至以「梅花」二字置之五七言中，隨其景趣，足而成律，尤爲難工。不爾，不謂之得句。唐人凡數百家，本朝江西社中，不翅數十公，亦孰不寤寐斯花，附爲不朽？卒之無所容力，傳不傳可以槩見矣。近世杜小山子野：「尋常一夜窗前月，纔

【一〇】蓋本尤氏……之語　「尤氏」二字原脱，據《説郛》本補。

【一一】啓關煮茗　「關」原作「闕」，據《説郛》本改。

有梅花便不同。」殊爽人意。律之唐人，似非本色。天樂趙公：「放了吏人無一事，坐看山鳥吃梅花。」端是秀語，然不過絶詩，非有琢對之艱也。秋壑賈公《送朝客》頸聯云：「梅花見處多留句，諫草藏來定得名。」圓妥優游，方之天樂《冬夜》頸聯「禽飜竹葉霜初下，人立梅花月正高」，雖静獨有境，或者以其短棄之，其他卷什【一二】，一無可摘。「自從和靖先生死，見説梅花不要詩。」斯語雖鄙，要未得爲謔論。

鄭都官《海棠》詩：「穠麗最宜新著雨，妖嬈全在欲開時【一三】。」歐公謂其格卑。鄭詩如「睡輕可忍風敲竹，飲散那逢月在花。」格卑甚矣。《復齋漫録》云：「近世陳去非嘗用鄭意云：『海棠默默要詩催【一四】，日暮紫緜無數開。欲識此花奇絶處，明朝有雨試重來。』」余謂去非格力猶去鄭詩未遠，豈如吴融：「雪綻霞鋪錦水頭，占春顔色最風流。若教更近天街種，馬上應逢醉五侯。」唐人雖從事苦吟，題賦此花，要須放些風情，不近寒乞。坡公詩：「東風嫋嫋泛崇光，香霧空濛月轉廊。只恐夜深花睡去，故燒銀燭照紅妝。」不爲事使，居然可愛。

「渭城朝雨裛輕塵【一五】，客舍青青柳色新。勸君更盡一杯酒，西出陽關無故人【一六】。」此摩詰《送元二使安西》詩也。世傳《陽關圖》，亦摩詰手，遂稱二妙。惜别詩要須道路臨歧，繾綣盡態，「相看臨野水，獨自上孤舟。長因送人處，憶得别家時。」外此曾未多見。徐道暉「不來相送處，恐有獨歸時」，脱胎語爾。余往歲嘗從貴游觀畫卷，首

【一二】其他卷什　「卷」原脱，據《説郛》本補。

【一三】妖嬈全在欲開時　「時」原作「詩」，據《説郛》本改。

【一四】海棠默默要詩催　「棠」原作「常」，據《説郛》本改。

【一五】渭城朝雨裛輕塵　「雨裛」，原作「雨挹」，據《説郛》本改。

【一六】西出陽關無故人　「關」，原作「闕」，據《説郛》本改。下文「《陽關圖》」之「關」字同。

題云：「長江風送客，空館雨留人。」因慨古今詩意無窮，語出唐人必矣。

建中靖國中，坡公自儋北歸，卜居陽羨。陽羨士大夫猶畏而不敢與游，獨士人邵民瞻從學於坡，坡公亦喜其人，時時相與杖策過長橋，訪山水爲樂。邵爲坡買一宅，爲緡五百，坡傾囊僅能償之，卜吉入居。既得日矣，夜與邵步月偶至村落，聞婦人哭聲極哀。坡徙倚聽之，曰：「異哉！何其悲也？豈有大難割之愛，觸於其心歟？吾將問之。」遂與邵推扉而入，則一老嫗，見坡泣自若。坡公問嫗：「何爲哀傷至是？」嫗曰：「吾有一居，相傳百年，保守不動，以至於此。吾子不肖，舉以售人。吾今日遷徙來此，百年舊居，一旦訣別，此吾所以泣也。」坡亦爲之愴然，問其故居所在，則坡以五百緡所得者也。因再三慰撫，謂曰：「嫗之故居，乃吾所售也。不必深悲，當以是居還嫗。」即命取屋券，對嫗焚之，呼其子，命翌日迎母還舊居，不索其直。坡自是遂還毗陵，不復買宅，借顧塘橋孫氏居暫住焉。是歲七月，坡竟殁於借居。余兒在孫，年方二九，强記知文，人謂吾家異時千里駒也。不幸爲十四姪婦陳氏貪利余産，在兒血氣未定，墮其危機，既而恚恨愧悔，輒輕其生，丙寅三月十三日也。余垂老失依，且思在兒姿貌氣度，真有大難割之情。哭泣送日，天爲苦陰，而族里聞若不聞。未知炎凉休戚之上，微有一公論存歟否耶？孤猿憶子抱樹酸號，塗旅之人聞三聲而下淚。余雖負譴神人，豈料其無告之至於斯歟？豈以爲余爲善哭，徒有類於唐衢者歟？感坡公事，重爲之涕咽，因書以自責，且告世之仁人君子，共知前輩行事槩如此云。

林廬暇日，花蝶怡情，宜有見於篇章者。往往精晛始能逼真，而閒淡之氣易至偏失，夢在不相謀而兩得也。詠蝶，如唐僧可朋【一七】：「乍當暖景飛仍慢【一八】，欲就芳叢舞更高。」僧懷古：「霧開離草迴，風逆到花遲。」俱未若「陌上斜飛去，花間倒翅回」尤精。余曩憩吴山，偶吴僧舉似四韻，歲久忘其首句：「一叢浮動戲蘭芽。裁成碧玉搔頭樣，畫作黄金便面花。閒過樓臺飛盡日，又因風雨宿誰家？兒童愛把襜褕撲，驚起雙雙貼綵霞。」惜俱忘爲誰氏所作。閲《和靖集》亦有之：「細眉雙聳敵秋毫，荏苒芳園日幾遭。清露宿花應自得，暖風和絮欲争高。情人殁久魂猶在，傲吏齊來夢亦勞。閒掩遺編苦堪恨，不并香草入《離騷》。」精緻不減唐人，閒淡有之，獨恐非晚年作耳。

詩無不本於性情。自詩之體隨代變更，由是性情或隱或見，若存若亡，深者過之，淺者不及也。昔坡公云：「蘇、李之天成，曹、劉之自得，陶、謝之超然，固已至矣。李、杜以英偉絶世之姿，凌跨百代，古之詩人盡廢。然魏、晉以來，高風絶塵，亦少衰矣。」坡公本不以詩專門，使非上干漢、魏、晉、唐，出入蘇、李、曹、劉、陶、謝、李、杜，潛窺沈玩，實領懸悟，能自信其折衷如是之的乎！翳和之目，無復遁疚，理同然也。如天成，如自得，如超然，則夫詩之閫奧處，坡公所評亦宜窺覗領悟，毋忽焉可也。坡公獨以柳子厚、韋應物「發纖穠於簡古，寄至味於淡泊。」蓋韋、柳皆以靖節翁爲指歸，而卒之齊足竝驅也。坡公

【一七】如唐僧可朋　「朋」原作「明」，據《説郛》本改。

【一八】乍當暖景飛仍慢　「慢」，原作「漫」，據《説郛》本改。

《海表》、《和陶》諸篇，可以見其所趣無不及焉。雖然，漢、魏、晋曷嘗舍去性情，别出意見，而習爲高遠之言哉？當其代殊體變，性與情之隱見、存亡、淺深，雖其一時之名能詩者，亦不能自必其所至之然也。唐風既昌，一聯一句，滿聽清圓，流液雋永，首肯變踔，性情信在是矣。然詞藻勝則糟粕，律度嚴則拘窘，能不脂韋於二蔽之閒，而脱穎奇焉，則天成、自得、超然，何得無之？至于作止雍容，聲容婉穆，視温柔敦厚之教，庶幾無論漢、魏，顧晉以后諸人，自靖節翁之外，似未諭也。

太常博士瓦全先生王公，名澡，字身甫，有《落梅》小詞：「疏明瘦直，不受東皇識。留與伴春未肯，千紅底，怎著得？夜色何處笛，曉寒奈無力。若在壽陽宫院，一點點，有人惜。」劉公潛夫愛之，已附此詞於《後村集·詩話》中，子亦僭附之拙稾。雖然，先生文行表表，一詞固何足爲先生軒輊也。予少即登門，以先公同生丙戌，且相友善之故，遂辱撰先公《墓銘》【一九】，誌中有「文不逮岳，而岳强以銘」之語，當知前輩獎掖後進，有如此也。

「一盤消夜江南果，喫果看書只清坐。罪過梅花，料理我，一年心事，半生牢落。盡向今宵過。又是明年課【二一】。」此薛泳沂叔《客中守歲》詞也【二二】。沂叔久客江湖，瀕抱琴歸去。此身本是山中卧【二〇】，纔出山來便差錯。手種青松，應是大縛，芽深處，老懷歸，遂賦此詞。晚於溪上小築，扁水竹居，迄就窆焉。其所爲詩，如《新堤小泛》：

【一九】遂辱撰先公墓銘　「公」，原作「生」，據《説郛》本改。

【二〇】此身本是山中卧　「卧」，《説郛》本作「箇」。

【二一】又是明年課　「課」，《説郛》本作「話」。

【二二】此薛泳沂叔客中守歲詞也　「泳」，原作「深」，據《説郛》本等改。

「柳斷橋方出，煙深寺欲浮。」《早秋歸興》：「歸心如病葉，一片落江城。」《鎮江逢尹惟曉》：「欲説事都忘，相看心自知。」皆去唐人思致不遠。

應次蘧，字正子，嗜酒疏曠。嘗自賞其梅詞云：「雪意嬌春，臘前妝點春風面。粉痕冰片，一笑重相見。倚竹偎松，誰道羅浮遠。寒更轉，《楚騷》爲伴，韻遶香篝煖。」語意細潤，似不類其爲人。別去二十餘年，一見傾倒，予笑謂正子：「君他文未必盡傳，異時容以梅闋挽予刊稾否乎【二三】？」正子起謝，且喜以語之他友。後不知其蹤跡何在，殆亡久矣。予雖戲言，顧不謂之然諾，况何可藏項斯善也？

吾鄉許左之、右之二公兄弟，落筆皆不凡。左之公一夕寓飲妓坊，醉欲狎之。妓密有所歡在矣，公捷筆賦詞而起云：「誰知花有主，誤入花深處。且放下酒杯乾，便歸去。」又代他妓小詞：「憶你當初惜我，不去傷我。如今留你不住去。」客聽此戀戀踰時【二四】。如「月在柳梢頭，人約黄昏後」一詞，正歐陽居士所作。要之，前輩乃一時弄翰【二五】，要不容以浮薄議左之公也。因思唐多才妓，有《贈新第士人》絶句：「從此不知蘭麝貴，夜來新惹桂枝香。」殊有風味。使從假借【二六】，當不傳載矣。二許公，紹興閒同歲籍學。前二詞，蓋休沐日漫遊酒邊作也。

【二三】異時容以梅闋挽予刊稾否乎　「容」原作「客」，據《説郛》本改。「挽」，《説郛》本作「貢」。

【二四】客聽此戀戀踰時　「踰時」二字原脱，據《説郛》本補。

【二五】前輩乃一時弄翰　「乃」，《説郛》、清曹琰鈔本均作「多」。

【二六】使從假借　「使」原作「便」，據《説郛》本改。「借」，《説郛》、清曹琰鈔本均作「倩」。

◎張世南撰

游宦紀聞

李偉國　整理

點校説明

《游宦紀聞》十卷，張世南撰。世南字光叔，自序落款稱：「鄱陽張世南光叔。」其友人李發先（李綱後人）在《游宦紀聞跋》中也説「鄱陽張光叔」。後世但知其爲鄱陽人。但張世南在《游宦紀聞》中謂「予世居德興」，自署「鄱陽」乃指郡望。隋大業及唐天寶、至德年間，曾改饒州爲鄱陽郡。《宋史》卷八八《地理志》：「饒州，上，鄱陽郡。軍事。」所轄縣六：鄱陽、餘干、浮梁、樂平、德興、安仁。監一：永平。故其世代所居之地，當以饒州德興（今屬江西）爲確。

李發先跋中説：「鄱陽張光叔，文獻故家也。講學家庭，藏書日富。蚤從雲臺史君游宦入蜀，見聞已不凡矣。及涉江湖，達浙閩，視昔所獲夥甚，懼遺忘而隨筆之。」「雲臺史君」應指張世南的父親曾奉祠主管華州雲臺觀的張大訓，魏了翁《鶴山先生大全文集》卷八六有《故知辰州大夫張君墓誌銘》云：「諱大訓，系出唐宰相文瓘。」《墓誌銘》給了「文獻故家」以最好的詮釋。張大訓長期在四川做官，故張世南《游宦紀聞》之内容，多四川見聞，所謂「游宦」，主要指的是其隨父在四川的經歷。至於張世南的歷官，《墓誌銘》説得很簡單：「世南，爲都昌縣丞。」

《游宦紀聞》的撰写始於紹定元年，輟於五年冬，世南以未定稿示于友人李發先，李氏爲作跋。《游宦紀聞》向爲前人所推重，全書十卷一百零八條，雖很少議論時政，而於風土人情、人物軼事、詩文賞析、文物考古，乃至曆法術數，醫藥園藝等方面，均有所涉及，富有史料價值和一定的學術價值。至於從今日的科學知識看來，所記龍涎香、犀牛角之類，頗含傳聞失實之成分，以及一些神怪異聞，都是可以理解的，不必過責。

此書今存主要版本，有《稗海》本、《知不足齋叢書》本、文淵閣《四庫全書》本（以上均爲十卷足本）及《説郛》本（僅一卷）等，這次整理以《知不足齋叢書》本爲底本，校以其他各本。底本中原有小字注文，有的是原注，予以保留，有的是校語，如係異文或存疑，亦酌以保留，改底本誤字者，移出作爲校記。

順便指出，有人從一些地方志中看到所録張世南《高蓋山記》、《方廣巖記》和《汰王灘記》三篇文章，以爲乃《全宋文》失收之佚文，其實這三篇文章均見於《游宦紀聞》，應爲編方志者從中鈔出者，不應再收入《全宋文》。

限於本人學識，點校中錯誤在所難免，敬請讀者指正。

序

僕自卯角，隨侍宦游，便登青天萬里之蜀。及壯，走江湖無寧歲，聞見雖稍廣，性天不靈，隨即廢忘。紹定改元，適有令原之戚，閉門謝客。因追思提筆紀録，不覺盈軸，以《游宦紀聞》題之，所以記事實而備遺忘也。嗣有所得，又當傅益之云。鄱陽張世南光叔。

卷第一

《書》云：「朞三百有六旬有六日，以閏月定四時成歲。」是一歲三百六十有六日明甚。今以每歲十二月計之，只三百六十日，又有小盡不與焉。世南嘗以此問學歷者，所對皆未精切。其説當以今歲立春，數至來歲立春，恰三百六十有六日。以時刻較之，實三百六十有五日零三時。世南始得其説，未以爲然。取《百中經》試加稽考，殊無差者。蓋三百六旬有六日，言其凡也。其實周天三百六十五度四分度之一，日行一度，一歲一周天。一歲云者，自今歲冬至，數至明年冬至，凡三百六十有五日奇三時，所奇三時，即四分日之一也。若以十二月計之，不滿三百六十日者，月有小盡，又積其餘五度有奇，合之以置閏。其所以有小盡有閏月者，以月行速二十七日有奇已周天，進三十度與日合朔。合朔之際，即爲一月。凡一歲十二合朔，故曰十二月。若論朞之一，當以氣周斷，不當以十二月斷也。

鄱陽爲郡，文物之盛，甲於江東，無圖經、地志。元祐六年，餘干都頡作《七談》一編，敘土風人物，云「張仁有篇，徐濯有説，顧雍有論，王德璉有記」，今不復存矣。嘉定乙亥，史守始延郡之前輩訪問，彙聚而爲《圖經》，然登載亦未詳盡。如秋薦五十有五人，殊無確然之説。世南嘗聞之先生長者云：「舊額三十五人，自范文正公守此邦，通榜渾化，驟增員數。」此説盛行，牢不可破，是亦口耳之傳。有故舊家藏元祐五年解榜，止三十有三人，在文正公之後。又德興縣《開山記》載，宣政間，撥弋陽縣建節鄉入本縣，分割苗税，而信州減兩名解額歸饒。以此可見人言之妄。嘗試考之，蓋自大觀興三舍試，番士寖盛，以在郡學人數定貢士額，歲貢一十八人半。後罷貢法，行鄉舉，合三年大比，積計五十五人半，遂爲定制。此説載之《國史》及法律、學令。南渡後，西北流寓士人每郡科場各舉二人。紹興丙子罷流寓入本貫額，諸郡各增其二，惟饒以額寬，故仍舊云。

今日者所用《百中經》，乃從唐顯慶壬寅年壬寅日積算起，欲知其法，但看某年下得若干數，以六十除之。不及六十數，然後在寅上數上聲。一數，去聲。逆行間一位，是第二十，下倣此。則知本年正旦，得何日辰。假令辛巳年得十八萬二千九百七十三數，以六數除之，先除三六十八，除十八萬數，又除四六二十四，除二千四百，又除六九五百四十，剩三十三數。自壬寅數到壬申，計三十位。又自壬申數下第三位，則旦日爲甲戌，他倣此。欲知每歲逐月旦日，是何甲子，但取九年前次月望日，即是後九年前一月旦日【一】，毫髮無差。乃知數學有捷法，此亦一端也。

圖經、本草，人家最不可缺。醫者處方，則便可知藥性；飲食果菜，則便可知避忌。然其間有常用之藥，而載以異名，卒難尋究。鄱郡官書，有《本草異名》一篇，盡取諸藥它名登載，似覺繁冗。今摘常用者書于此，以備博知。荆芥曰假蘇香。附子曰莎草根。金

【一】即是後九年前一月旦日　「後」原作「前」，原校云：「案商本『前』作『後』。」據改。「商本」即《稗海》本。

鈴子曰練實。訶子曰訶黎勒，花謝欲結子，爲風吹墮者曰隨風子（嘉禾散所用者是也，今醫家只以緊實小訶子代之）。山藥曰薯蕷，一名玉延，簡齋嘗作《玉延賦》。蒼耳曰葈耳實。馬藺花曰蠡實。仙靈脾曰淫羊藿。牛蒡子曰惡實。茴香曰懷香子。破故紙曰補骨脂。乳香曰薰陸香。柏子仁曰柏實。淩霄花曰紫葳。餘甘子曰菴摩勒。菱角曰芰。蘿蔔曰萊菔。已上藥名，閒亦有醫者所未盡知。

余童字端蒙，鄱之樂平人，由學省登紹興戊辰第。幼學，以能文，同里項氏極愛重之，欲納爲壻，其意未決。余一日來訪，項謂曰：「偶得寫景句云：『杜宇一聲春晝永，午夢驚殘。』子能對否？」余應聲云：「黄鸝百囀曉風清，宿酲消盡。」項大喜，即以女妻之。仕至蘄守。其族子永之爲世南言，永之亦能詩者。

劉過字改之，能詩詞，流落江湖，酒酣耳熱，出語豪縱，自謂晉、宋間人物。其詩篇警策者，已載《江湖集》。尤好作「沁園春」，上稼軒詞，已見岳侍郎珂《桯史》，最爲辛所喜。今又得數篇，其一：黄尚書由帥蜀，中閤乃胡給事晉臣之女。過雪堂，行書《赤壁賦》於壁間。改之從後題一闋，其詞云：「按轡徐驅，兒童聚觀，神仙畫圖。正芹塘雨過，泥香路軟，金蓮自拆。小小籃輿，傍柳題詩，穿花覓句，嗅蘂攀條得自如。經行處，有蒼松夾道，不用傳呼。　清泉怪石盤紆，信風景江淮各異殊。想東坡賦就，紗籠素壁；西山句好，簾捲晴珠。白玉堂深，黄金印大，無此文君載後車。揮毫處，看淋漓雪壁，真草行書。」後黃知爲劉所作，厚有饋貺。案：《龍洲詞》題云：「蘇州黃尚書同夫人惠齋遊報恩寺。」〇《皇宋書録》載此詞，「按轡」作「緩轡」，「自拆」作「自策」，「覓句」作「勸酒」，「蒼松」作「松篁」，「信風景」作「算風景」，「想東坡賦就」作「記東坡賦好」，「素壁」作「舊壁」，「句好」作「句妙」，「晴珠」作「晴虛」，「揮毫處」作「盃行處」，「雪壁」作「醉墨」。　壽皇鋭意親征，大閲禁旅，軍容肅甚。郭杲爲殿巖，從駕還内，都人昉見一時之盛，改之以詞與郭云：「玉帶猩袍，遥望翠華，馬去似龍。擁千官鱗集，貂蟬争出；貔貅不斷，萬騎雲從。細柳營開，團花袍窄，人指汾陽郭令公。山西將，算韜鈐有種，五世元戎。旌旗蔽滿寒空，魚陣整，從容虎帳中。想刀明似雪，縱横脱稍；箭飛如雨，霹靂鳴弓。威撼邊城，氣吞胡虜【二】，慘憺塵沙吹北風。中興事，看君王神武，駕馭英雄。」郭餽劉亦踰數十萬錢。案：此詞《龍洲詞》不載。　又送孫季和云：「問信竹湖，孫自號。竹如之何？如何不歸？道吳山越水，無非佳處；來無定止，去亦何爲？莫是秋來，未能忘耳，心與孤雲相伴飛。關情處，向南山寄傲，北澗題詩。人生了事成癡，算世上終無真是非。看雲臺突兀，無君子者；雪堂零落，有美人兮。踈雨梧桐，微雲河漢，鍾鼎山林無限悲。陽山縣，問昌黎負汝，汝負昌黎？」案：《龍洲詞》「何爲」作「何之」，「莫是」作「只怕」，「心與孤雲相伴飛」作「心與輕雲一樣飛」，「關情處」作「愁無奈」，「向南山寄傲，北澗題詩」作「北窗寄傲，南澗題詩」，「終無」作「久無」，「看雲臺」作「恨雲臺」，「負汝」作「誤汝」，「汝負」作「汝誤」。　又嘗於友人張正子處，見改之親筆詞一卷云：「壬子秋，予求牒四明，嘗賦《賀新郎》與一老娼，至今天下與禁中皆歌之。江西人來，以爲鄧

【二】氣吞胡虜　「胡虜」原作「强敵」，據《稗海》本改。

南秀詞，非也。老去相如倦，向文君，説似而今，如何消遣？衣袂京塵曾染處，空有香紅尚軟。料彼此，魂消腸斷。一枕新涼眠客舍，聽梧桐、疎雨秋風戰。燈暈冷，記重見。樓低不放珠簾捲，晚妝殘、翠蛾狼藉，淚痕留臉。人道愁來須殢酒，無奈愁多酒淺。但託意焦桐紈扇。莫鼓琵琶江上曲，怕荻花、楓葉俱淒怨。雲萬疊，寸心遠。」改之自號龍洲。案：《龍洲詞》「如何消遣」作「怎生消遣」，「秋風戰」作「秋聲顫」，「記重見」作「記初見」。

余儔字季倫，號癡齋，吾鄉詩人也，章泉先生雅愛之，作書使袖訪韓仲止。及門，候謁甚久，將命者出，扣所由來，久猶未出。余題二詩壁間云：「謁入久不出，兀坐如枯荄。蒼頭前致詞，問我何因來？士節久彫喪，人情易嫌猜。本無性命憂，不去安待哉！」其二云：「名聞由昔者，禮進合欣然。古有不屑教，意令加後鞭。尚書八座貴，吏部一燈傳。驚代文章伯，曾容賈浪仙。」已乃拂袖去。仲止見詩，遣人追之，余竟不返。余有詩集號《蛙吹》，藏於家云。

翡翠屑金，人氣粉犀，此物理相感之異者。常觀《歸田録》載，歐公家有一玉罌，形製甚古，且精巧，始得之，梅聖俞以爲碧玉。在潁州時，嘗以示僚屬，坐有兵馬鈐轄鄧保吉者，真宗朝老内臣也，識之曰：「此寶器也，謂之翡翠。」云禁中寶物皆藏宜春聖庫，庫中有翡翠琖一隻，所以識也。其後，偶以金環於罌腹信手磨之，金屑紛紛而落，如硯中磨墨，始知翡翠之能屑金也。諸藥中，犀最難細搗，必先鎊屑，乃入衆藥中擣之，已而衆藥篩盡，犀屑猶存。偶見一醫僧元達者【三】，解犀爲小塊子，方一寸半許，以極薄紙裹置懷中近肉，以人氣蒸之。候氣薰蒸浹洽，乘熱投臼中急擣，應手如粉。因知人氣之能粉犀也。今醫工皆莫有知者。

《夷堅志》載虞雍公自渠州守召至行在，憩北郭外接待院。因道中冒暑得疾，瀉痢連月。重九日夢至一處，類神仙居，一人被服如仙官，延坐。視壁間有韻語藥方，讀之，其詞曰：「暑毒在脾，濕氣連脚。不泄則痢，不痢則瘧。獨鍊雄黄，蒸餅和藥。甘草作湯，服之安樂。别法治之，醫家大錯。」如方服之，遂愈。世南在蜀中徧訪林下人，求獨鍊法，鮮有能者。忽一日得青城山道友傳授云：「《丹經》謂『捉得龍，伏得雄』，言雄黄見火，則飛走爲煙焰，最難伏也。」其法用雄黄，不拘多少，研細，甘鍋火内煅令通紅，取出，攛雄黄末入焰硝内【四】，急用桃枝攪轉，即成水矣。急傾出瓦碟内，微側碟子，則清者一邊。俟凝取出，去麤者，研細，以宿蒸餅爲元，如菉荳大，每服三元至七元，如前法服。雄黄末一兩，大約用焰硝一錢，此乃丹竈家祕法，得之甚艱。古人云：「施藥不如施方。」故詳記之。

書大字用松煙墨，每患無光彩，而墨易脱。偶得太一宫易高士《書符用墨訣》，試之果妙。其法以黄明水膠半兩許，用水一小盂，煎至五分，蒸化尤妙，如磨松墨時，以膠水兩蜆殼，研至五色見浡作【五】，再添膠水，俟墨濃可書則止。如覺滯筆，入生薑自然汁少許，或鎔膠時入濃皂角水數滴，亦可。

【三】偶見一醫僧元達者 「僧」，《稗海》本作「生」。

【四】攛雄黄末入焰硝内 「入焰硝内」，《稗海》本作「焰硝末」。

【五】研至五色見浡作 「浡作」，《稗海》本作「浮采」。

士大夫謁見刺字，古制莫詳。世南家藏石本元祐十六君子墨跡，其間有：「觀敬賀子允學士尊兄。正旦。高郵秦觀手狀。」「庭堅奉謝子允學士同舍。正月日。江南黄庭堅手狀。」「耒謹候謝子允學士兄。二月日。著作郎兼國史院檢討張耒狀。」「補之謹謁謝子允同舍尊兄。正月日。昭德晁補之狀。」「汝礪參候子允校書同舍。」以次凡十六人，皆元祐四年時。惟彭公爲中書舍人，餘皆館職也。刺字或書官職，或書郡里，或稱姓名，或只稱名。既手書之，又稱主人字，且有同舍、尊兄之目。風流氣味，將之以誠。今人觀之，宜泚顙矣。野處先生嘗跋此碑，謂子允不知爲誰。嘗攷之，常立字子允，當時亦在館中，當是謁常無疑，而野處偶未詳也。世南家又藏彭公《北山編》，紙皆治平四年士夫往還書狀，有醫博士程昉，「右昉謹祇候參節推狀元，伏聽裁旨，牒件如前，謹牒。治平四年九月日，醫博士程昉牒」。如此類者數紙。如冬至、年節、月旦，凡在外官，皆以狀至其長吏。有《賀冬狀》一幅云：「泗州軍事推官、將仕郎、試祕書省校書郎、權保信軍節度推官彭汝礪。右某啓。伏以晷運推移，日南長至，恭惟發運學士膺時納祐，與國同休。某限以職局所拘，不遑躬詣墀，祇候陳賀，下情無任惶懼之至。謹具狀申聞。謹録狀上，牒件狀如前。謹牒。年月日。具位某牒。」與今大異。

今醫家脩製藥品，往往一遵古法。如《本草》炮炙，及許學士方前所載，亦既詳矣。世南在蜀得數法，頗出古人意表。如麥門冬去心，古法湯泡少時則易去，今只以銀石銚火上微烙，隨手漸剥，極易爲力，又不爲湯漬去藥味。乳香没藥最難研，若作元子藥，則以乳鉢研略細，更入酒或水研，頃刻如泥，更無滓脚。若酒糊元，則入酒研，若以麪，則入水研，甚省力而易細，且不飛走虧耗分兩。

校勘記

卷第二

唐、鄧間多大柿，初生澀，堅實如石，凡百十柿，以一榠樝置其中，則紅爛如泥而可食。榅桲亦可代榠樝用。此歐公《歸田録》所載。但江南人不識榅桲，世南侍親官蜀，至梁、益間方識之。大者如梨，味甜而香，用刀切，則味損而黑。凡食時，先以巾拭去毛，以巾包於柱上擊碎，其味甚佳。蜀人以榅桲切去頂，剜去心，納檀香、沈香末并麝少許，覆所切之頂，線縛蒸爛，取出俟冷，研如泥，入腦子少許，和匀，作小餅燒之，香味不減龍涎。

金橘産於江西諸郡。有所謂金柑，差大而味甜。年來商販小株，才高二三尺許，一舟可載千百株。其實累累如垂彈，殊可愛，價亦廉，實多根茂者才直二三鐶。往時因温成皇后好食，價重京師。然患不能久留，惟藏菉豆中，則經時不變。蓋橘性熱，豆性涼也。

世南嘉定甲戌，侍親自成都歸夔門官所。舟過眉州，見鈞於水濱者，即而觀之，籃中皆大蝦蟇，兩兩相負，牢不可拆。極力分而爲兩，旋即相負如初。扣鈞者，云「市間以爲珍味」，乃知成都人最貴重。以料物和酒炙之，曰「炙蟾」，親朋間更相餽遺者，此也。辛巳，侍親守西陽。一日，遊郡圃，池岸亦有相負者數十對。沅陵胡宰留，栝蒼人，聞之，亟令人捉去，謂其鄉里以爲珍品，名曰「風蛤」。予居德興，有毛山，環三州界，廣袤數百里。

每歲夏間，山傍人夜持火炬，入深谿或巖洞間，捕大蝦蟇，名曰「石撞」，鄉人貴重之。世南亦嘗染鼎其味，乃巨田雞耳。扣捕者，云「奇而非耦」，又與所見者異矣。坡公「眉人恨不脱得錦襖子」，即此物也。世南嘗觀《文選》左太沖《吴都賦》曰：「乘鱟黿鼉，同罛共羅。」劉淵林注云：「鱟形如惠文冠，青黑色，十二足，似蟹，足悉在腹下，長五六寸，雌嘗負雄行，漁者取之，必得其雙，故曰『乘鱟』。」

犀出永昌山谷及益州，今出南海者爲上，黔蜀次之。此《本草》所載云。然世南頃游成都，藥市間多見之。詢所出，云「來自黎、雅諸蕃，及西和、宕昌」【一】。亦諸蕃寶貨所聚處。五羊、桂筦、桐城亦有之，往往皆來自蕃舶。又有所謂河北山犀，紋麤而不光。要之，數處皆非所出，乃所聚耳。犀似牛，猪首大腹，脚有三蹄，色黑，好食棘，其皮每孔生三毛。頂一角，或云兩角，或云三角。郭璞《爾雅》注：「犀三角，一在頂上，一在額上，一在鼻上。鼻上者，即食角也，小而不隋。他果反。亦有一角者。」《嶺表録異》曰：「犀有二角，一在額上爲兕犀，一在鼻上爲胡帽犀。」牯犀亦有二角，皆爲毛犀。而今人多傳一角之説。此數種，俱有粟紋，以麤細爲貴賤。貴者有向在蜀，見畫圖犀之形，角在鼻上，未審孰是。通天花文，犀有此紋，必自惡其影，常飲濁水，不欲照見也。文理絶好者，有百物之形。或云通天者，是其病，理不可知也。通天犀，腦上角千歲者，長且鋭，白星徹端，能出氣通天，則能通神，可破水駭雞，故曰「通天」。《抱朴子》曰：「通天犀有白理如線者，以盛米，雞

【一】及西和宕昌　「宕」原誤作「巖」，據《稗海》本改。

見即駭。其真者，刻爲魚，銜入水，水開三尺。」俗所謂離水犀者是也。犀胎時，見物象戾天，則形於角上，故云「通天」。有倒插，有正插，有腰鼓插。倒插者，一半以下通；正插者，一半以上通；腰鼓插者，中斷不通。其類極多，皆以爲奇異。故波斯呼象牙爲「白暗」，犀角爲「黑暗」，言難識别也。犀中最大者曰「墮羅犀」，一株有重七八斤者，云是牯犀額角。其花多作撒豆斑，色深者堪作帶胯，斑散而色淺者，但可作器皿耳。或曰，兕是犀之雌者，未知的否。又曰，犀之佳者是㹀犀，紋理細膩，斑白分明，俗謂斑犀，服用爲上，然入藥則不如雄犀也。凡犀入藥者，有黑白二種，以黑者爲勝，其角尖又勝。方書多言生犀相承，謂未經水火湛將廉反。熾者是，或謂不然。蓋犀有捕得，殺而取者爲生犀，有得其蜕角爲退犀，亦猶用鹿角法耳。唐相段文昌門下醫人吴士皐，因職于南海，見舶主言海中取犀牛之法，先於山路多植木，如猪羊棧，其犀以前脚直，常依木而息。植木久必蠹，犀忽倚焉，即木折犀倒，而因斃之，取其角。又云，犀每自蜕角，必培土埋之，海人跡其處，潛易以木角。若直取之，則犀徙去别山，遯跡不可尋已。未知今之取犀角，果如此否。《異物志》云：「山東海水中犀牛，樂聞絲竹，彼人動樂，犀則出。」祥符間，老璫李德永，撰《點頭文》一編，其間有論犀帶至貴者，無出於黑犀。謂生犀徹骨黑者，名黑骨犀，不經湯火，只如餅餡，劈四邊，取方爲鉸具。其文頭或如桑椹，或似狗鼻，以墨蠟刷之，自然光潤。性全脂脈在内，兼無皴裂，四邊雲頭雨脚直者，是也。不拘黔、螺、㹀、牯，黔謂無紋，螺謂紋旋，特紋細，牯紋大而勻。或每一粒紋尖上，更有一眼者，佳也。又有赭黃犀，須是裏外透明瑩浄，如真金色者，至寶也。又一説，犀有二種，曰「山犀」，曰「水犀」。水犀少見。《五谿記》云：「山犀者食竹木，小便竟日不盡。夷獠以弓矢採取，故曰黔犀。」大率犀之性寒，能解百毒。世南友人章深之病心經熱，口燥唇乾，百藥不效。有教以犀角磨服者，如其言，飲兩碗許，疾頓除。成都雙流縣，有一匠者，能以牛角造通犀，但刻畫太逼真，易爲人所識別。然色澤粟紋，自有不可揜者。井邑間市語，謂犀下品爲「鬼犀」，乃死犀角，其紋色，絶不堪也。案：孵四邊，孵，揩上聲，疲也，於義無取，疑劈字之誤。又案：「故曰黔犀」上，似有脱文。

淳熙丁酉，議者以混補太學，人數猥冗，遂立待補太學生之法。以終場人數定其額，百人取三，繼又倍之。預選者，案：此處似有脱誤。是亦薄收場屋之效。時多嘲謔之語，獨司業計公衡，名之曰「貢餘」，尤覺雋永。雋音軟，肉之味也。

淮南人藏鹽酒蟹，凡一器十隻，以皂莢半挺置其中，則經歲不壞。世南向侍親至四明，鹽白而廉，僕輩貪利，以篭盛貯。邸翁曰：「塗中走滷，將若之何？授汝一法，可煨皂莢一挺置其中，則無慮矣。」試之果然。

凡衣帛爲漆所涴，即以麻油先漬，洗透，令漆去盡，即以水膠鎔開，少著水令濃，以洗麻油，頃刻可盡。蓋膠性與油相著，即如米泔。桐油亦然。若白衣爲油污，石膏火煅研細，糝污處，以重物壓過夜，則如初。如卒無此，只以新石灰亦佳，此皆已試之效。

驗漆之美惡，有檃括爲韻語者云：「好漆清如鏡，懸絲似鈎鈎。撼動虎斑色，案：商刻作「琥珀色」。打著有浮漚。」驗真桐油之法，以細篾一頭作圈子，入油蘸，若真者，則如鼓面鞔圈子上，纔有僞，則不著圈上矣。

雄黄、雌黄出階州。雄黄好者如雞冠，色透明可愛。雌黄佳者成葉子，如金色。入乳鉢内研，頃刻成粉，色極鮮麗。與韶粉相忌。繪事不可用二物，稍相親，則色淪胥而黑。向在蜀，曾令畫工用之。卷藏數月，已而展翫，其色果然，工亦不曉。雄黄、硃砂中皆有水銀，韶粉乃鉛燒者，水銀見鉛必黑。

蘄春鐵錢監，五月至七月，號爲「鐵凍」，例閣鑪鞴。本錢四可鑄十，鐵炭稍貴，六可鑄十，工雇費皆在焉。其用工之序有三：曰沙模作，次曰磨錢作，末曰排整作。以一監約之，日役三百人，十日可鑄一萬緡，一歲用工九月，可得二十七萬緡。

陳文忠公堯叟，字唐夫，端拱二年狀元及第。文惠公堯佐，字希元，端拱元年舉進士第十六人。康肅公堯咨，字嘉謀，咸平三年狀元及第。三人皆秦國公省華之子也。方仲弟希元登第之明年，賜緋，與父省華同日改祕書丞。故唐夫有啓事云：「蟾桂驪珠，連歲有弟兄之美；魚章象簡，同時聯父子之榮。」吾鄉三洪，皆忠宣公皓之子也，兄弟連中詞科。紹興十三年，忠宣以徽猷學士直翰苑。紹興二十九年，其仲子文安公遵始入西省。隆興二年，文惠公适繼之。乾道二年，文敏公邁又繼之。相距首尾二十二年。故景盧有謝表云：「父子相承，四上鑾坡之直；兄弟在望，三陪鳳閣之游。」二事實爲本朝儒林榮觀之盛。

《韻略》中無「打」字，已詳見《歸田録》中。但於《廣韻》「梗」字韻中，音德冷，又都挺切。今俗談謂打魚、打水、打船、打纖、打量之類，於義無取。沙隨先生云：「往年在太學爐亭中，以此語同舍，有三山黄師尹曰：『丁當也，以手當之也。』其義該而有理。無「不」字，但於「有」字韻中音俯九，又尤字韻中音方鳩。「褪」字亦常用者，偏檢字書皆無之，尖字韻中亦不載。盧文弨曰：案「褪」古但作「退」，「尖」古但作「櫼」，《廣韻》有尖字。

東坡謁吕微仲，值其晝寢，久之方出。見便坐有昌陽盆豢緑毛龜，坡指曰：「此易得耳！唐莊宗時，有進六目龜者。敬新磨獻口號云：『不要鬧，不要鬧，聽取龜兒口號。六隻眼兒睡一覺，抵别人三覺。』」世南嘗疑坡寓言以諷吕，未暇尋閲質究。偶因見《嶺海雜記》，有載六目龜出欽州，只兩眼，餘四目乃斑紋，金黄花，圓長中黑。與真目排比，端正不偏。子細辨認，方知爲非真目也。案：陳與義《石龜》詩云：「道人莫欺此龜無六眸。」胡仲孺注云：「《江賦》有『龜六眸』。唐先天中，江州獻六眸龜。」

蜀之岷山，有焦夫子，國初時人，亡其名。以博學教導後進，故世以夫子稱。貌陋且怪，長目廣鼻，虬髯垂癭。性率不自飾，雖冠帶，往往爬搔捫虱。然爲歌詩有驚人句，今蜀人止能誦其一聯云：「兩輪日月磨興廢，一合乾坤夾是非。」熙寧中，文與可因至天彭，館於徐公園，盃酒談笑中，肆筆成夫子像於亭之壁，曲盡寒酸態度。元豐壬戌，郡守聶子固，懼其歲久隱晦漫滅，遂徙其壁于郡圃凝翠亭，今不復存矣。有石刻在，世南嘗得其本。今人但見與可枯木竹石，未嘗見其爲人物。坡公謂「與可詩文不能盡，溢而爲書，變而爲畫，皆詩之餘」，誠哉是言也。

蜀昔有術士，精於談天，尤善戲謔。士夫或有以五行試其術，答云：「此人必已食禄，異時官至五馬。」咸强其筆于楮，以爲它日證驗。於是索筆特書云：「目今斂板鞠躬，已見二千石在後。」衆莫不譁然哂之，且誚云：「是乃挽米舟一水手，何爲謬言如是？」術者云：「吾之術驗矣，請細思之。」衆方悟斂板鞠躬之説，莫不爲之一笑。

今之作倅者，皆借緋，堂除知縣亦借緋。太守則借紫，謂已經賜緋，則借。軍監則仍緋。邊郡節鎮，不俟賜緋，可借紫，謂之隔借。先作州，曾借紫，後得軍，則仍服緋。此皆甲令定制。比年張嵩，先知嘉興府，後知建昌軍，遂申朝廷云：「前任已蒙恩借紫，今任欲乞仍舊旨。」從之。遂爲定例。

校勘記

【一】楚鳩生鶚　「鶚」原作「鳲」，據《稗海》本改。

卷第三

《泊宅編》云：「《越絶書》曰：『慧種生聖，癡種生狂。桂實生桂，桐實生桐。』」沙隨先生云：「以世事觀之，殆未然也。《齊民要術》曰：『凡種梨，一梨十子，唯二子生梨，餘皆生杜。』段氏曰：『鵲生三子，一爲鴠。』《禽經》曰：『鸛生三子，一爲鶴。』《造化權輿》曰：『夏雀生鶉，楚鳩生鶚【一】。』《南海記》曰：『鱷生子百數，爲鱷者才十二，餘或爲黿，爲鼈。』然則堯之有丹朱，瞽瞍之有舜，鯀之有禹，文王之有周公，又有管、蔡，奚足怪哉！」先生又嘗謂：「桂生桂，桐生桐者，理之常也。生異類者，理之變也。先儒謂揚雄宜有後，張湯宜無後。然則人之私智，安得必之於天？孟子曰：『莫之爲而爲之者，天也；莫之致而致之者，命也。』斯言盡之矣。」

昔人有誡後生不可稱前輩表德，此忠厚之至也。然一時出於中心至誠，未嘗深攷。字，所以表德也，古人以爲美稱。殷人以諱事神，而後有字。《儀禮》子祭父云：「敢昭告于考伯某父。」稱字也。子思子作《中庸》，稱其祖曰「仲尼曰」云云。爰盎之姪問盎曰：「絲能日飲幾何？」近世子由與坡公，多言「子瞻兄」。陳了齋師事龜山，簡中稱「中立先生」。非若今世俗，既諱其名，又諱其字也。又，今往往有「台諱」、「尊諱」之語，尤非是。

生曰名，死曰諱，載之《禮》經可覆。《禮部韻》載，先帝廟諱曰「諱」，今上皇帝御名只曰「名」。稱生人名乃曰「諱」，不祥之甚也。盧文弨曰：案：漢宣帝詔云：「其更諱詢。」

世南少小時，嘗見親朋間有請紫姑仙，以筯插筲箕，布灰桌上畫之。有能作詩詞者，初間必先書姓名，皆近世文人，如于湖、石湖、止齋者。亦有能作時賦、時論、記跋之類者，往往敏而工。言禍福却多不驗。近時都下有士人，許其姓者，能迎致大仙，所言多奇中。嘉定壬午之春，三山黄公朴同一二朋友訪許，扣功名大略，即書「沙門光遠降」。先作自贊云：「伸脚自由，屈脚自在。不知十二部尊經，不識三千條大戒。醉後高歌，無障無礙。當時若見閻王，任它枷鏁杻械。」又一云：「無疑無疑，自有東西。目前行檢，眼下阿鼻。不認真實法性，不念如來菩提。捉取金毛獅子，任教烏兔如飛。」後再書云：「黄子黄子，文魁多士。醖藉胸中十萬兵，縱横筆下三千字。無垢爲朋，汪公相似。若得火土相逢，一躍禹門浪裹。」後八年，歲在己丑，黄公果大魁天下。黄生於壬子，魁於己丑，實符火土相逢之句。狀元局中諸公唱和詩，有醖藉、縱横一聯，不差一字，鬼物已先知之矣。光遠乃昔時雲游入蜀，至青城山丈人觀，不爲道士所禮，僞爲繡衣出巡，盡黥觀中向來不禮之人。南僧不許入蜀者以此。距今百餘載，尚爲黠鬼，可謂異事。

龍谿先生汪公藻，字彦章，吾郡之德興人。幼年已負文名[二]，作詩云：「一春略無十日晴，處處谿雲將雨行。野田春水碧於鏡，人影渡傍鷗不驚。桃花嫣然出籬笑，似開未

[二] 幼年已負文名　「文」，《稗海》本作「大」。

開最有情。茅茨煙暝客衣濕，破夢午雞啼一聲。」此篇一出，便爲詩社諸公所稱。晚年牢落，莫究所學。朱叔止題其墓云：「名高從昔毀相隨，未免羣兒著力擠。一日狼心萌偃月，十年豹霧隱愚谿。不逢華旦開昌運，終抱沈埋返故棲。已矣九原寧可作，蕭蕭古木亂蟬嘶。」亦爲諸公所稱。叔止名軝，舍人新仲之姪也。

永福縣之東南八十里，羅漢寺之仙巖，有篆書十，形體奇怪，環布巖石，不著姓名，人所未識，號曰「仙篆」。歐陽公永叔嘗得之，喜其無鐫刻之跡，如指畫成文，欲以番夷金書字圖號譯之，未暇也。蔡端明時守三山，以道家書釋之曰：「貧道守真一，中有不死術。」亦莫得其據。政和三年之夏，邑宰陳武祐，好奇之士也，訪求其詳，知篆有三：一在安仁寺仙人山，寺僧憚墨蠟之費，燎斵而瘞之；二在中和寺黃坑之崖，今存焉，字皆奇怪，亦不可識；三即羅漢之仙巖也。安仁者掘而得之，僅完三字。又於上生院僧景純，得所藏善本四字，餘不復有。遂再鋟諸木，列巖之堂。今聞亦有不存者。余嘗見碑本，字勢夭矯，灑落奇妙，枝葉不屬，而脈絡皆通，真是奇怪。不知蔡忠惠觀道家何等書而識之？此字恐子雲未必識也。

程公衡，字子平，沙隨先生之父也。知音律。宣和間，市井競唱韻令，程曰：「五聲皆往而不返，不祥也。」後二帝播遷。建炎初，唱《柳葉曲》，程又曰：「當有姓劉人作亂。」後數年，僞齊竊據中原。此說載之沙隨家集中。

蘇翁者，初不知其何許人，紹興兵火末，來豫章東湖南岸，結廬獨居。待鄰右有恩禮，無良賤老穉，皆不失其懽心，故人愛且敬之，稱曰「蘇翁」，猶祖翁、婦翁云。身長七尺，案：商刻作九尺。美鬚髯，寡言笑。布褐草履，終歲不易。未嘗疾病，筋力數倍於人，食啖與人亦倍。巨鍤長柄，略與身等，披荆棘，轉瓦礫，闢廢地爲圃。或區或架，或籬且埒，應四時蔬菜，不使一闕。藝植耘芟，皆有法度，灌注培壅，時刻不差。雖隆暑極寒，土石焦灼，草木凍死，圃中根荄芽甲，滋鬱暢茂。以故蔬不絶圃，味眎它圃蔬爲最勝，市鬻者利倍而售速，每先期輸直，不二價，而人無異辭。晝爾治圃，宵爾織屨，屨堅韌，革舄可穿，屨不可敗。織未脱手，人爭貿之以饋遠，號曰「蘇公屨」。薪米不至匱乏，且有餘羨。喜周急，人有貸假，隨力所及應之，負償一不經意。閉門高卧，或危坐終日，人莫測識。先是，高宗南渡，急賢如飢渴。時張公浚爲相，馳書函金幣，且移書屬豫章漕及帥曰：「余鄉人蘇雲卿，管、樂流亞，遯跡湖海有年矣。近聞灌園東湖，其高風偉節，非折簡所能屈。幸親造其廬，爲我必致之。」漕、帥密諭物色，彼人曰：「此有灌園蘇翁者，無雲卿也。」漕、帥即相與變服爲游客，入其圃，翁運鋤不顧。二客前揖與語，翁良久問客何從來，乃延入室，土銼竹几，輝光溢然，地無纖塵，案上留《西漢書》一册。二客神融意消，怳若自失，默計曰：「此爲蘇雲卿也，必矣。」既而汲泉煮茗，意稍款接客。遂扣曰：「翁仙里何地？」徐曰：「廣漢。」客曰：「張德遠，廣漢人，翁當識之。」曰：「識之。」客遂泛問張公世系材品，翁歷歷陳敘，且曰：「不知張今何官？」蓋其初不料張公使其訪己，而欲致之也。二客遂笑謂翁曰：「某等備乏漕、帥，實非游者。張公今秉相權，令某等造廬，以禮致公，共濟大業。」出書函金幣於其案上。翁色遽變，喉中隱隱有聲，似怨張公暴己者。至是，始知翁廣漢人，即雲卿是已，然終不知雲卿其字邪？抑名邪？繼旌旗填委，堅請翁同載以歸。再三謝，不可，許詰朝上謁。越夕，遣吏迎伺，則扃户闃然。從他徑排闥入，惟書幣留案上，儼然如昨日，室空而人不可得見矣。形迹遼絶，莫知所終。此隆興士宋自適字正父，所記蘇翁本末如此。宋後得翁遺址，面揖湖山，平地數十畝，仍築小菴，以寄仰高之思。章泉先生爲名之曰「灌園菴」。

世南頃在瑞安董宰熠書室中，見其所録誠齋先生與周益公小簡，心竊愛之，讀數過，輒能成誦。今二十年矣，追思尚記首尾，其間必有脱誤處，它時得見《大全集》，當借本改正之。謾記於此：「萬里伏以涉秋益熱，共惟少保觀使丞相，小陌雲莊，天棐忠藎，鈞候萬福，相眷均慶。某近得報，知閣下釋位去國，而莫知風帆所止。昨收尤延之書，乃知度夏於陽羨。吾人仕宦，有進便有退，有出便有處。丞相勢位，豈不能築河沙而障屋溜，君子得時行道，而不得究其所蘊，良可憾者。然道之興廢，聖人歸諸命；斯文得喪，聖人歸諸天。則又何憾焉！當庚午試南宮，丞相雪中騎一馬於前，而某荷一繖於後。當此之時，豈知丞相至此？布衣位極上宰，此後復奚求哉！卻嚴寒，飲醇酒之論，丞相尚記憶否？ 已矣！ 姑置此事。 獨世路風波，真可畏耳。 近讀邸報，得《感事》詩云：『去國還家一歲新，鳳山錦水更登臨。 別來蠻觸幾百戰，險盡山川多少心。 何自間人無藉在，不妨冷眼看升沈。 荷花正鬧蓮蓬嫩，月下松醪且滿斟。』當左揆進步時，高揖辭去，此舉甚善，惜宿留耳。 聲利之場，輕就者，固不爲世所恕，蔡定夫是也；而不輕就者，亦復不恕，何哉？ 朱元晦是也。 論至於此，則去就辭受，皆不可取。 可畏，可畏！ 云云。」又嘗記其答益公惠鳩兔橘酒小柬云：「錦羽在桑，翩翩二七；褐衣缺口，躍躍一雙。 挾歡伯以俱來，與木奴而偕至。 共惟某官，文章羹酒，儒學鳳麟。 游梁王之兔園，夙推能賦；賜漢庭之鳩杖，晚冠耆英。《橘頌》續《騷》，《酒箴》飽德。 填然四美，萃此一翁。 某已嘗占辭，敬致追節。 云云。」觀此，足見善於體物者也。

占城國，前此未嘗與中國通。 唐顯德五年，國王因德漫遣使者莆訶散來，貢猛火油八十四瓶，薔薇水十五瓶。 其表以貝多葉書之，香木爲函。 猛火油以洒物，得水則出火。 薔薇水得自西域，洒衣雖弊，而香不滅。 已上見《五代史四夷附録》。《内典》云：「人火得水而滅，案：商刻「而」作「則」。 龍火得水而熾。」信有此理。《陰陽自然變化論》曰：「龍能變水，人能變火。 龍不見石，人不見風，魚不見水，鬼不見地。」此亦理也。

予友人胡子震，嘗謂予曰：「牛以鼻聽。」蓋聞之前輩餘論，而莫知所本。 一日，觀庖丁解牛首，剖至耳，果見窒塞無孔，始信其言之不妄。《埤雅》舉戎右曰：「贊牛耳、桃茢。

牛耳無竅，以鼻聽也。」焦贛《易林》曰：「牛、龍耳聵。」蓋龍亦聾者也。牛走順風，馬走逆風，故楚子曰：「君處北海，寡人處南海，唯是風馬牛不相及也。」

永福栩自唐代宗時，割福、泉、建三州之地，因年號曰「永泰」。後避哲宗陵寢諱，改名永福。在唐新栩縣後，有邑宰潘君滿解，遺愛在民，攀卧祖餞，留連累日。其夫人王氏，先已解舟泊五里汰王灘下，俟久不至，月夜登岸，書一絶於石壁云：「何事潘郎戀别筵，懽情未斷妾心懸。汰王灘下相思處，猿叫山山月滿船。」末署「太原王氏書」。詩蹟已漫滅，獨「太原」二字入石，至今尚存，字方五六寸許，邑人因以名其灘。政和陳武祐，慮歲久詩亡，大書繫以記文，鐫之字右方。自唐及今，流潦巨浸之所漂齧，震風淩雨之所滌蕩，不知其幾，而墨色爛然如新。一婦人望夫之切，精神入石，終古不變如此。則知至誠之道，感鬼神，裂金石者，詎不信然。舊《閩中記》作「汰王灘」，陳武祐刻石，卻作「太原灘」。今灘旁之地名「大王」。入石字之左，不復可容字矣。恐末係「太原王氏書」爲正。陳記大字下亦云：「疑爲『汰王』。」

卷第四

永福下鄉有農家子，姓張，以採薪鬻鋤柄爲業，鄉人目爲「張鋤柄」。狀貌醜怪，口能容拳。一日入山，遇仙人對弈，投之以桃，苦不可食。張心知爲仙，冀有所遇，忍苦噉咽。且及半，若將螫舌，遂弃其餘而歸。因忽忽若狂，絶粒，食草木實。時言人隱惡，能道未來禍福。素不諳書，忽奮筆作字，得義、獻體。口占頌偈，立成如宿搆。傳聞四散，士夫多往赴之。因度爲僧，人號爲「張聖者」。游邑中，募緣造高蓋石橋，富室揮金相先。人曰：「聖者作大功德，又自可無一頌語？」僧笑云：「只兩好事：石橋半，出通判；石橋全，出狀元。無庸頌也。」及侍講蕭公國梁魁天下，乃生於橋成之月。橋方半時，實生通判吳公。時黄倅案：黄倅下元空二格，商刻有「少魏」二字。未第，倦游太學。善人倫者，多言其油膩天羅，屯滯相也。黄稍稍有自沮意，僧且謂曰：「待我及第日，汝當及第乃自笑。」謂僧人及第，理所無也。既而黄以張安國榜中第，訪張僧，乃近住安國寺云。僧發狂時，言無不驗，其言禍敗事，尤奇中。人於狂時，亦畏其毒駡，莫敢詣者。作字多以左手，或以足指挾筆，又時扱筆鼻書。時里中有吳氏，建重光寺輪藏成，求讚於僧，援筆立就，云：「無上雄文貝葉鮮，幾生三藏往西天。行行字字爲珍寶，句句言言是福田。苦海波中猴行復，沈毛江半上馬馳前。長沙過了金沙難，望岸還知到岸緣。夜又歡喜隨心答，菩薩精虔合掌傳。僧千六十餘函在，功德難量熟處圓。」筆力遒勁可愛。一日游白面村，有少婦隨衆往謁，僧命至前，痛嘬其項【一】。婦號呼，觀者烘堂大哂。歸語其夫，夫怒，奮臂勇往詬罵。僧笑曰：「子毋怒，公案未了，宜令再來。」罵者不聽。居亡何，婦以他恚，投繯而死。又有鄉民著新紫襦詣謁，僧請以爲施，民有難色。僧曰：「急抖擻去狗毛。」蓋民竊烹鄰狗得襦，人無知者，故戲之。又有富室攜少女求頌，僧曰：「好弓鞋，敢求一隻。」語再四，不得已，遺之。即裂其底，得襯紙，乃佛經也。神異多類此。後游郡郛，大爲帥府賞識。十禪僧頗多忌疾「忌疾」上商本有「類此」二字。中傷之，不可及。冬一夕，張坐定，有青衣擎生荔一柈獻。詰旦，遣遺郡帥。是日，十禪朔參，帥舉似之，中一僧云：「得毋詐耶？山間偶亦有此。」歸獻百顆。蓋郡中多以穰代薪獻臺，禾熟時，寺倉積穰荔樹上。及冬穰空，荔實偶尚無恙，得以巧設欺計。帥亦因此疎張。人謂張狂時最靈，豈獻荔之夕，適會其不狂耶？張自遇異人後，絕煙火，走人間五十餘年，奇事不止如此。友人吴信可，永福人，爲予言是數事，皆其髫齓時，得之鄉里長老末議。且神仙、方技、祕怪之事，書傳所記，從古有之。然詭誕不經，無補世教。而君子存之者，豈非以其能言禍福於無形之先，使不知命者有所悟。至於發人隱惡，雖虧雅道，亦使暗室屋漏之下有所警，是亦小道之可觀者，不然，亦何足尚云。

【一】痛嘬其項　「嘬」，《稗海》本作「撮」。

福之永福西山曰「高蓋」，爲天下第七福地。出縣郭，陟峻嶺，山行五十里，而近最上處，有禪刹曰「名山」，徐真君上昇，東西二室，歸寂其所也。朝廷累降御香，有樵禁。該曲臺祀典，石門插天，杉檜晝暝，猿狖清嘯，與寒泉響答，真偉觀也。徐本牧兒，飯牛山椒。一日聞樂聲出林杪，緣崖造觀，至則有二人弈。拱立良久，遺徐棋子一，叱令歸。歸即精解手談，時碎瓦器爲子，布地爲局，縱游巖上，往往與二人遇，遂得修行燒煉訣。有趙真君，不遠千里訪之，以所得祕密，與之參契。徐喜，酌酒共飲草廬中。時霜月，草木彫空。徐曰：「主人遠訪，無以爲樂。」以餘瀝一噴，頃刻林花徧開。今名所居曰「花林莊」。徐功行成，將入山煉大丹仙去，埋棋子田中，涌土成墩，植牛杖其傍，旋生枝葉，今老樹尚存。嘗有耕者發墩，致風雷之變，至今相指爲戒。丹成之日，與兄弟姊妹七人餌之，同時上昇。故其地，七仙有亭，徐、趙二真君有祠云。自仙羽化後，俗眼凡骨，莫有一詣其上者。數百年下，有淛僧攜小師來主寺，有輕身術。偕至徐君壇，得二石室，乃鑿山通道，飛磴自石門中出，始盡發地祕。四方游者，於是翕集。其東室明潔，前有水簾，自千仞崖顛垂空而下，如其門之廣。山中佳致，可坐而揖。西則晻藹，亦乏奇觀。獨去洞數步，有石龜與石棋枰對立。古老相傳云：「龜舊處室中，徐君叱而出之。」其事頗誕。一日，東室主僧赴邑齋會，小師乘其遠出，趨師牀坐逝。主僧於齋席中即知之，歎云：「叵耐小鬼，奪我山中佳處。」亦即席坐逝。其徒議舁歸，以登涉之勞，乃荼毗囊骨，歸塑西室。雖加丹粉作喜色，每一風雨，即脱落如怒。或者猶疑二僧禪寂雖高，而貪嗔一念，未能了然者。小師之趨東室也，急欲化去，跏趺不盡一脚。數十年前，有高僧數其敗教之罪，摺而正之，言其中如敗炊餅云。耳目所得梗槩如此。高蓋爲閩中佳山，雖左僻，名勝往往遠從游覽，吟題甚富。有一聯云：「雲幄護壇仙世界，水簾遮室佛家風。」時人賞之，以爲能點出山中眼目云。

永福古有讖語曰：「天保石移，瑞雲來奇。龍爪花紅，狀元西東。」乾道間，福清天保瑞雲寺後石崖，横山而行，谽地成蹊。既而永邑東鄉石壁谿巖松上産龍爪瑞花，其年蕭公國梁果魁天下，次舉黄公定，臚唱第一。蓋瑞花生處，西之於蕭，東之於黄，各三十五里，此「狀元西東」之應也。又次舉鄭公僑廷試，復先多士。邑宰作詩云：「翀峯龜嶺與龍嶼，三處家山一壯哉。相去未逾一百里，七年三度狀元來。」蓋蕭公翀峯、鄭公龜嶺、黄公龍嶼也。蕭公登科歲，第一人本丞相忠定趙公。故事，設科以待草茅士，凡預屬籍，挂仕版者，法當遜避。唱名日，陞蕭公爲榜首。故蕭公對御吟有「名傳玉陛星辰曉，澤霈金枝雨露春」之句。其謝啓有云：「預飛龍之選，淮安論次以當先；無汗馬之勞，酇侯何功而居上。」蓋用宗室及蕭家事，至今膾炙人口，因并書之。

永福邑東有嶽宫，乃吴太博經刱。大門内建三清殿，上梁日，邑中諸寓公咸在，吴以書梁儷語，首遜給事黄公龜年。公即領略，立解手帕，濡墨作字云：「風馬雲車，儷百順鈎陳之衛；　金枝玉葉，拱萬齡宸極之尊。」詞語鏗潤，筆法高古。太博初見公略不經思，復疑帛書非法，既而雙美，吴始大喜心服。歸語家人子姪輩曰：「吾邦山川之秀，有如此公者，操行過人數等，不獨詞翰可敬。」其未第時，最貧素，自處澹如。應鄉貢，引保日，有考官某縣尉居簾内，見公丰姿秀發，驚喜曰：「有如此奇男子，安得出我門下。」既而預薦，尉喜甚，約妻以女。及中第日，尉已捐館。其妻挈累扶櫬，相遇於中途。黄哭之慟，命逆旅主人達情，請遂初約。夫人曰：「往事尚忍言之哉！無禄縣尉清貧，死無餘資，吾攜百指，扶護而歸，衣衾斥賣殆盡，方以不達鄉井爲慮，那可復議鸞先輩事？况黄甲少年，當結好鼎族。吾且行矣，善爲我辭。」黄垂涕曰：「嗚呼！吾許人以諾，死而負之，吾行將何歸？夫人不念死者言，乃作世俗夷虜語。苟遂吾志，秋毫自齎，不敢聞命也。」遂定婚於邂逅間，分攜慟哭而别。某氏從公歸，能執婦道，琴瑟在御，没齒無間言。公登從橐，夫人尚無恙。若公者，可謂有德有言者也。噫！今之年少，弄筆墨，取科第者，項背相望，聞公之風盍亦知所以自省哉！

永福邑東三十五里曰三島村，村東北山曰方廣巖。往昔荆榛蒙茸不可上。給事黄公築室，讀書山下。一日，獵師逐獸歸，能言其境。給事命僕，翦荆斸險，攀緣而上，抵一石室，下可蔽千人。鄉人從往，即其地奉浮屠，故水旱必於此乎禱。後數年，水暴至，漂一巨木，長可丈餘，廣半之，卧山下者累月。風雨晦暝之夕，往往若有神光。舁致室中，亡何有異人來，請斲爲賓頭盧尊者像，像成，不受直去，莫知所之。今縣官禱雨，必躬往迎致，其應如響。像眉毫脩白，骨氣龍鍾，宛若生動。每至，邑中人士敬嘆瞻禮，喜其來而惜其去。好事者至有命精工模倣以易之，雖毫髮無欠，精神莫具，不獨主巖者能辨之。自造像後，香火日昌，往來供施相屬。室内遂搆三層閣，不戴片瓦，雖疾風暴雨，不能犯也。室距平地，可五里許，其間梁空磴險，山徑峭拔，游者有攀躋傴僂之難。及最上，峯迴路轉，倏忽風景不同，巖洞飛鶩，臺殿縹緲，使人神觀軒豁，忘其罷憊。周遭有十奇，如石門、水簾、瀑布、石燈、石鍾磬、觀音影之類，皆自然天巧。居最者有龍尾泉，狀如石龍裂巖而去，尚餘不盡尾脩及尋丈，望之作蜿蜒勢，尾鋒湧泉一滴，冬夏不枯，人敬其水，以爲佛供。越室而右，有羚羊洞，云其中可容三四十輩，微徑僅可著足，下臨無際，人莫敢進。獨主巖者藏貯其中，來往如猱，亦野性便習然也。詹事王公十朋曾游，作十奇律詩，五言六十字，見公集内。士友吳信可，亦有紀游詩云：「曾訪神仙巖洞來，人言偉觀似天台。藤蘿足下猨猱嘯，鍾鼓聲邊日月開。燈續佛光凝紫翠，雲將蜃氣作樓臺。最憐貫石神龍尾，猶帶天東雨露回。」巖中乞靈多驗。如前司農簿柯公玹，少時鄉試回，嘗經從。主巖者先夜夢尊者命之曰：「可設榻煮茗，來日當有十九歲官人來。」及期，與公同游者十餘人。老行前致茶，問稠中誰爲十九歲官人，遂以夢告。柯公是歲鄉請，次年登科，果如其言。以上六説，皆友人吳兄信可爲世南言。信可諱錡，永福人，誠敬而疏通，博學而和粹，月旦之評，最所推重。世南方以得友爲喜，納交不百日，而遂隔今古。嗟乎！信可踐履如此，而遽止於斯，亦可悲也已。追思紀録，以備遺忘。

借書一癡，還書一癡，或作「嗤」字，此鄙俗無狀語。前輩謂借書、還書，皆以一瓻。《禮部韻》云：「瓻，盛酒器也。」山谷以詩借書目於胡朝請，末聯云：「願公借我藏書目，時送一鴟開鏁魚。」坡公《和陶詩》云：「不持雨鴟酒，肯借一車書。」吴王取伍子胥屍，盛以鴟夷革，浮之水中，應劭曰：「取馬革爲鴟夷，榼形。」范蠡號鴟夷子皮，師古曰：「若盛酒之鴟夷。」揚子雲《酒箴》：「鴟夷滑稽，腹大如壺。」師古云：「鴟夷、韋囊，案：商刻作「革囊」。以盛酒也。」蘇、黄用「鴟」字本此。

卷第五

東坡先生嘗親筆録其外曾祖程公逸事云：「公諱仁霸，眉山人，以仁厚信於鄉里。蜀平，中朝士大夫憚遠宦，官缺，選士人有行義者攝。公攝録參軍。眉山尉有得盜蘆菔根者，實竊，而所持刃誤中主人。尉幸賞，以劫聞。獄掾受賕，掠成之。太守將慮囚，囚坐廡下涕泣，衣盡濕。公適過之，知其冤，咋謂盜曰：『汝冤，盍自言，吾爲汝直之。』盜果稱冤，移獄，公既直其事，而尉、掾爭不已，復移獄，竟殺盜。公坐詠因罷歸。不及月，尉、掾皆暴卒。後三十餘年，公晝日見盜拜庭下曰：『尉、掾未伏，待公而決。前此地府欲召公暫對，我扣頭爭之曰：「不可以我故驚公。」是以至今。壽盡今日，我爲公荷檐而往，暫對即生人天，子孫壽禄，朱紫滿門矣。』公具以語家人，沐浴衣冠，就寢而卒。軾幼時聞此言。已而，外祖父壽九十，舅氏始貴顯，壽八十五。曾孫皆仕有聲，同時爲監司者三人。玄孫宦學益盛。而尉、掾之子孫微矣。或謂盜德公之深，不忍煩公暫對，可也，而獄久不決，豈主者亦因以苦尉、掾也歟？紹聖二年三月九日，軾在忠州，讀陶潛所作《外祖孟嘉傳》云：『《凱風》寒泉之思，實鍾厥心。』意悽然悲之，乃記公之逸事，以遺程氏，亦庶幾淵明之心也。是歲九月二十七日，惠州星華館思無邪齋書此段。」玉山端殿汪公應辰刻先生手書于石，筆法遒美，極可愛。

辨博書畫古器，前輩蓋嘗著書矣。其間有論議而未詳明者，如臨、摹、硬黄、響榻，是四者各有其説。今人皆謂臨、摹爲一體，殊不知臨之與摹，迥然不同。臨謂置紙在傍，觀其大小、濃淡、形勢而學之，若臨淵之臨。摹謂以薄紙覆上，隨其曲折宛轉用筆曰摹。硬黄謂置紙熱熨斗上，以黄蠟塗勻，儼如枕角，毫釐必見。響榻謂以紙覆其上，就明窻牖間，映光摹之。辯古器則有所謂款識，臘茶色、朱砂斑、真青緑、井口之類，方爲真古。其製作則有雲紋、雷紋、山紋、輕重雷紋、垂花雷紋、鱗紋、細紋、粟紋、蟬紋、黄目、飛廉、饕餮、蛟螭、虬龍、麟鳳、熊虎、龜蛇、鹿馬、象鸞、夔犧、蜼余季切。皃、雙魚、蟠虺、如意、圜絡、盤雲、百乳、鸎耳、貫耳、偃耳、直耳、附耳、挾耳、獸耳、虎耳、獸足、夔足、百獸、三螭、縱草、瑞草、篆帶若蚪結之勢。星帶、四旁飾以星象。輔乳、鍾名，用以節樂者。碎乳、鍾名，大乳三十六外，復有小乳周之。立夔、雙夔之類。凡古器制度，一有合此，則以名之，如雲雷鍾、鹿馬洗、鸎耳壺之類是也。如有款識，則以款識名，如周叔液鼎【一】、齊侯鍾之類是也。古器之名，則有鍾，大曰特，中曰鎛，小曰編。鼎、尊、罍、彝、舟、類洗而有耳。卣、音酉，又音由。中尊器也，有攀、蓋、足，類壺。瓶、爵、斗、有耳，有流，有足，流即觜也。巵、觶、之豉反。酒觴也。角、類彝而無柱。杯、敦、簠、其形方。簋、類鼎而矮，蓋有四足。豆、甗、牛偃切。無底甑也。錠、徒徑切。又都定切。斝、觚、鬲、形製同鼎，《漢志》謂空足曰鬲。鍑、方宥切。《玉篇》云似釜而大，其實類小甕而有環。盉、户戈切，又胡卧切。成五味之器也，似鼎而有蓋、

【一】如周叔液鼎　「液」，《稗海》、《説郛》本作「夜」。

有鞘、有執攀。壺、其類有四，曰圓、曰匾、曰方、曰温。盦、於含切。覆蓋也，似洗而腰大，有足，有提攀。甂、類壺而矮。蒲後切。鋪、類豆，鋪陳薦獻之義。罍、類釜。鑑、盛冰器，上方如斗，鏤底作風窻，下設盤以盛之。匜、弋支切。沃盥器。盤、洗、盆、鋗、呼元切。類洗。《玉篇》云小盆也。杅、磬、錞、鐸、鉦、類鍾而矮。鐃、戚、鐓、飾物柄者。奩、鑑、即鏡。節、鉞、戈、矛、盾、弩機、表、坐旂、鈴、刀、筆、杖頭、蹲龍、宫廟乘輿之飾，或云欄、楯間物。鳩車、兒戲之具。提梁、龜蛇、硯滴、車輅、托轅之屬。此其大槩，難於盡備，然知此者，亦思過半矣。所謂款識，乃分二義。款謂陰字，是凹入者，刻畫成之。識謂陽字，是挺出者。正如臨之與摹，各自不同也。臘茶色亦有差别。三代及秦、漢間之器，流傳世間，歲月寖久，其色微黄而潤澤。今士大夫間論古器，以極薄爲真，此蓋一偏之見也。亦有極薄者，有極厚者，但觀製作色澤，自可見也。亦有數百年前句容所鑄，其藝亦精，今鑄不及，必竟黑而燥，須自然古色，方爲真古也。

左太沖《三都賦序》云：「相如賦《上林》，而引盧橘夏熟；揚雄賦《甘泉》，而陳玉樹青葱。攷之果木，則生非其壤；校之神物，則出非其所。於辭則易爲藻飾，於義則虚而無徵。且夫玉巵無當，雖寶非用；侈言無驗，雖麗非經。」又云：「余既思摹二京，而賦三都。其山川城邑，則稽之地圖；其鳥獸草木，則驗之方志。」又《蜀都賦》則云：「旁挺龍目，側生荔枝。布緑葉之萋萋，結朱實之離離。」讀至此，而竊有疑焉。世南游蜀道，偏歷四路數十郡，周旋凡二十餘年，風俗方物，靡不質究，所謂「龍目」，未嘗見之。間有自南中攜到者，蜀人皆以爲奇果。此外如荔枝、橄欖、餘甘、榕木，蜀皆有之，但無龍目、榧實、楊梅三者耳。豈蜀昔有而今無耶？抑左氏攷方志草木之未精耶？

辛稼軒初自北方還朝，官建康，忽得癩疝之疾，重墜大如杯。有道人教以取葉珠，即薏苡仁也。用東方壁土炒黄色，然後水煮爛，入砂盆内研成膏，每用無灰酒調下二錢，即消。沙隨先生晚年亦得此疾，辛親授此方，服之亦消。然城郭人患不能得葉珠，只於生藥鋪買薏苡仁，亦佳。按《本草》，薏苡仁，上等上上之藥，爲君。主養命，多服不傷人。欲輕身養命，不老延年者本上經。味甘，微寒，無毒，主拘攣不可屈伸，除風濕痺下氣，除筋骨寒邪氣不仁，利腸胃，消水腫，令人能食。久服輕身益氣，其根下三蟲。生真定平澤及田野，八月採實，採根無時。今在在有之，真良藥也。蜀中巴蓬間甚多，士大夫以此相饋遺，雜之飲食間也。

饒之城中，有宗子善平，病腎虚腰痛。沙隨先生以其尊人所傳宋誼叔方，用杜仲，酒浸透，炙乾，擣羅爲末，無灰酒調下。趙如方製之，三服而愈。

沙隨先生在泰興時，有乳媪因食冷肉，心脾發痛，不可堪忍。知縣錢仁老名壽之，以藥與之，一服痛止，再服即無他。其藥以陳茱萸五六十粒，水一大盞，煎取汁，去滓，入官局平胃散三錢，再煎，熱服。錢云：「高宗嘗以賜近臣，時有歸正官校尉，添差縣尉，後歸軍中，以是愈人疾甚多。」其妻弟王得中，又以其藥歸昌國，亦多愈人疾，真奇方也。

硯品中，端石人皆貴重之，載於譜記，凡數家，取予各異。或佳其有眼爲端，或以無眼爲貴。然石之青脈者，必有眼，嫩則多眼，堅則少眼。石嫩則細潤而發墨，所以貴有眼，不特爲石之驗也。眼之品類不一，曰鸜哥眼，曰鸛鴿眼，曰了哥眼，謂秦吉了也。曰雀眼，曰雞翁眼，曰貓眼，曰菉豆眼，各以形似名之。翠緑爲上，黄赤爲下。諺謂火黯爲佳，然亦石之病。乾道癸巳，高廟嘗書翰墨數説，以賜曹勛。其一云：「端璞出下巖，色紫如豬肝。密理堅緻，瀦水發墨，呵之即澤。研試則如磨玉而無聲，此上品也。中下品則皆砂壤相雜，不惟肌理既麤，復燥而色赤，如後歷新坑，皆不可用。製作既俗，又滑不留墨。且石之有眼，余亦不取。大抵瑕翳，於石有嫌，況病眼、假眼，韻度尤不足觀。故所藏皆一段紫玉，略無點綴。」已上皆聖語。石之眼少而色正者，方爲佳物。

三山方言，茨菇曰「蘇」，傍水多植之。雖嘗在水中，遇晚稻損，蘇亦損。有一種柑曰「回青」，實大，淩冬不彫，滿樹垂金，至春復回青，再黄始摘，味不甚佳，花極香，與抹利相頡頏。永嘉之柑，爲天下冠。有一種名「朱欒」，花比柑橘，其香絶勝。以箋香或降真香作片，錫爲小甑，實花一重，香骨一重，常使花多於香，竅甑之傍，以泄汗液，以器貯之，畢則徹甑去花，以液漬香，明日再蒸，凡三四易，花暴乾，置磁器中密封，其香最佳。朱欒乃好柑之祖。栽接之法，始取朱欒核洗净，下肥土中，一年而長，名曰「柑淡」，其根簇簇然。明年移而疎之，又一年，木始大盈握。遇春，則取柑之佳品，或橘之美者，接於木身，則盡爲佳者矣。朱欒乃枳也。

三山荔子丹時最可觀。四月味成，曰「火山」，實小而酸，五月味成，曰「中冠」，最後曰「常熟中冠」，品佳者不減莆中。二十年來，始能用掇樹法。取品高枝，壅以肥壤，包以黄泥，封護惟謹，久則生根，鋸截移種之，不踰年而實，自是愈繁衍矣。日乾致遠者，皆次品。果中又有黄淡子、金斗子、菩提果、羊桃，皆他處所無。黄淡大如小橘，色褐味微酸而甜，《本草》載於橘柚條，豈橘中别有名黄淡者？《長樂志》曰「王壇子」，舊記又云：「相傳生於王霸壇側。」

玉出藍田、崑岡。《本草》亦云：「好玉出藍田及南陽徐善亭部界，日南、廬容水中。外國于闐、疎勒，諸處皆善。」今藍田、南陽、日南，不聞有玉。國朝禮器，及乘輿服御，多是于闐玉。晉天福中，平居誨從使于闐爲判官，作記紀其採玉處云：「玉河在國城外，源出崑山，西流千三百里，至國界牛頭山，分爲三：曰白玉河，在城東三十里；曰緑玉河，在城西二十里；曰烏玉河，在緑玉河西七里。源雖一，玉隨地變，故色不同。每歲五六月，水暴漲，玉隨流至，多寡由水細大，水退乃可取。方言曰『撈玉』，國主未採，禁人至河濱。」大觀中，添創八寶，從于闐國求大玉。一日，忽有國使奉表至。故事，下學士院，召譯表語，而後答詔。其表云：「日出東方，赫赫大光，照見西方五百國，五百國條貫主，師子黑汗王，表上日出東方，赫赫大光，照見四天下，四天下條貫主，阿舅大官家：你前時要者玉，自家甚是用心力，只爲難得似你尺寸底，自家已令人兩河尋訪，纔得似你尺寸底，便奉上也。」當時傳以爲笑。後果得之，厚大踰二尺，色如截肪，昔未始有也。大抵今世所寶，多出西北部落，西夏、五臺山、于闐國。玉分五色：白如截肪，黄如蒸栗，黑如點漆，紅如雞冠，或如臙脂。惟青碧一色，高下最多。端帶白色者，漿水又分九色：上之上、之中、之下，中之上、之中、之下，下之上、之中、之下。宣和殿有玉等子，以諸色玉次第排定。凡玉至，則以等子比之，高下自見。今内帑有金等子，亦此法。

三山谿中産小魚，斑紋赤黑相間。里中兒豢之，角勝負爲博戲。昔有鬬禽，未見有鬬魚，亦可觀也。聞永嘉亦有之。

本朝宰相，三入者四人：趙韓王、向文簡、王冀公、文潞公。四入者，止蔡京而已，然其人不足筭也。

自甲至癸爲「十幹」，自子至亥爲「十二枝」。後人省文，以「幹」爲「干」，以「枝」爲「支」，非也。

改元始於共和，紀號剏於漢武，後世遵用之。我宋年號，無過九年者。惟天聖盡九年，至十年十二月改明道。熙寧亦盡十年，紹興乃三十二年，淳熙亦十六年，而後揖遜。高廟居德壽者二十六年，孝廟居重華六年，光廟居壽安宫七年，寧宗嘉定十七年。

卷第六

世南有令原之戚，以紹定戊子仲冬往懷玉，脩伊蒲供。山行百里，始至其下，捨輿策杖，無非崇山峻嶺。又二十里，有平地，廣袤數百畝，人煙數十家，田疇井井，滿目桑麻。問道傍之人，云：「歲熟可得米千斛。」其上復有峯巒圍繞，一目不能窮。又五里，始至寺。尋攷記載，乃唐大歷中，高僧志初經始。乾符初元，南嶽僧寶光來居，又四年，賜名懷玉。《古志》云：「天帝遺玉此山，山神藏焉，故其地靈爽塏，仙佛所居，因以是名。」由古至今，兵戈不到，疫癘不及。僖宗於乾寧之四年，改賜定水禪院。時有雙峯長老師復，自長安領徒千人，止息鄧公埸。今德興縣是也。遣人致詞於寶光曰：「師復酷愛此山，師具慈悲，若爲取捨？」光曰：「舍則不捨，來則不止。」語意深遠，衆莫曉解。於是雙峯選日入院，光師攜杖下山，別建禪刹，即今興教院是也。時禪月大師，混居會下，身達性相，文筆神敏。愛其林木瀟灑，水石連雲，建讀書堂，脩禪觀，隱居山中，遺址猶存。嘗夢游他國，於巖阿石室，親見大士，覺而追想，謂之應夢羅漢。或云：「師則羅怙羅化身【一】。」每入定觀，率意揮染，皆其真容，非世間相。末乃照水，自狀本形。既而絶筆，故託於夢感。自正本之外，別有臨模二本。予登羅漢閣，取禪月親作本，諦觀竟日，其間有極破碎縻爛者，

校勘記

【一】師則羅怙羅化身　「化身」，《稗海》本作「漢身」。

筆法高妙，相貌古怪。至道丙申五月，太宗搜天下古書畫，悉以進呈，至二年正月，復付本寺免進。間有題其傍云：「西岳僧貫休作。」皆篆文，或古體，或玉筯，或柳葉。又一軸題云：「大蜀國龍樓待詔、明因辨果功德大師、翔鱗殿引駕内供奉、經律論道門選練教授、三教玄逸大師、守兩川僧録大師、食邑三千户、賜紫、大沙門貫休字德隱。」今人知禪月之號，則以爲高僧，聞貫休之名，則以爲能畫，殊不知當時所作，神異如此。非特能畫，且於詩文尤高，有《西岳集》三十卷，翰學吴融爲之序，唐相張格、韋莊、王鍇、周庠，皆有詩紀其事。去寺之左里許，下梯徑又二里，有亭曰輔龍，乃先兄之冰翁董諱熠案：商刻「熠」作「熠」。字季興所創。季興向爲瑞安邑大夫，有志斯世。所著《活民書》、《壽國脈書》，嘗經乙覽，今浙漕有刊本。作亭之意，蓋爲四方祈禱者憩息之所，則輔龍之名，良有以也。且捨田入寺，爲輔龍不朽計。又半里許，始至龍湫，仰望瀑布，作三級，傾瀉於兩山之間。飛瓊濺雪，洶湧澎湃，浩浩然聲若奔雷。下臨石壁，屹立萬丈，真奇觀也。時雲雨未收，谿流初漲，嵐霧滃鬱，山巔水涯，千態萬狀，得寓目者，移時不忍捨去。世南既登覽山川之奇秀，且得玫覈其事之顛末，故詳紀之，以告來者。

秦會之當軸時，幾務之微瑣者，皆欲預聞，此招權之常態【二】。然士夫投獻，必躬自披閱，間有去取。吾郡德興士人，姚敦臨字公儀，能篆書，秦喜之，令作二十家篆《孝經》，上表以進。時紹興十一年二月十九日也。許授以文資。未降旨間，會之招飲，姚喜，忘其

【二】此招權之常態　「招」，《稗海》本作「相」，亦通。

敬，不覺振股，以此惡之。尋得旨，令充樞密院効士，辨驗篆文而已。又有蜀士，投啓干闕，其間一聯云：「乾坤二百州，未有託身之所；水陸八千里，來歸造命之司。」秦尤稱道之，遂得陞擢。

董季興昔嘗爲世南言，沙隨先生，紹興丙午，苦淋血之疾，兩年不愈。明年七月二十四日，筮《易》，遇渙之觀，其辭曰：「渙，奔其机，悔亡。」俄夢知大冶縣，趙定叟相訪。定叟名不疚，疚，久病也，言不久病也。偶董閱《本草》，因見白冬瓜治五淋，於是日食三大甌，七日而愈，前此百藥皆無效。董，沙隨先生之壻也。先生嘗書此事於家廟之壁。

今之遠宦及遠服賈者，皆曰「天涯海角」，蓋俗談也。頃在成都，嘗聞有天涯地角石，暇時訪古，及閱圖志，乃知天涯石在中興寺。《耆老傳》云：「人坐其上，則脚腫不能行。」至今人不敢踐履及坐其上。又有天牙石，在大東門，對昭覺寺，高六七尺，有廟。今在市人湯家園。地角石舊有廟，在羅城內西北角，高三尺餘。王均之亂，爲守城者所壞，今不復存矣。欽州有天涯亭，廉州有海角亭，二郡，蓋南轅窮途也。

柳子厚《息壤記》：「永州龍興寺東北陬有堂，堂之地隆然負塼甓而起者，廣四步，高一尺五寸。始之爲堂也，夷之而又高，凡持鍤者盡死。」秦甘茂盟息壤，乃在秦地，非此也。龍興寺今在永州太平寺，而息壤不復見矣。江陵城內有法濟院，今俗稱爲地角寺，乃昔息壤祠。《圖經》引《溟洪録》云：「江陵南門有息壤焉，隆起如伏牛馬狀，平之，則一夕如故。前古相傳，不知其始。牛馬踐之或立死。」唐元和中，案：「唐元和中」，商刻作「唐開元中」。裴宙牧荊州【三】，掘之，深六尺，得石城，與江陵城同制，中徑六尺八寸，棄徙於墻壁間。是年，霖雨不止，江潦暴漲。從道士歐陽獻之謀，復埋之，祭以酒脯，而水止。厥後凡亢旱，徧禱無應，即詣地角寺，欲發掘，必得霶霈之雨，遂爲故事。詳見皇祐辛卯刑侍王子融《息壤記》。二郡大率相類，而秦地之息壤，則未詳也。

沙隨先生寓居鄱陽，一日，買得米元暉小端硯，後刻銘曰：「惟端有谿，孕石惟黟。茲乃下巖，舉無有比。色奪芝英，温堅玉理。以貽安中，是亦成美。」後書「紹興己未」，蓋元暉親書，以遺建昌守喻安中者。後又得張無垢遺樊茂實研，後刻詩曰：「端谿石硯天下奇，紫光夜半吐虹霓。不隨凡石追時好，直與日月争光輝。韜藏久矣不亂用，惟恐翰墨污染之。樊子文章有餘地，汪汪萬頃誰能窺？贈君此硯無輕弃，經史妙處其發揮。飛流濺沫徧天下，要使咳唾皆珠璣。」無垢居士作，子喻子書。蓋小篆。玉泉先生學張有篆，無垢從沈元用學，汪端明從無垢學。凡十有二年，三公相繼魁多士。建炎二年，李順之作魁，玉泉亦登高第。世南嘗見沙隨先生親筆紀載，卒章云：「此奇物也，子孫世傳。」不知樊公家，何以不寶守此物？以三先生盛名，此物乃沙隨程氏世傳之寶。二硯今亦流落，不知所在，良可嘆惜。

沙隨先生嘗云：「頃於行在見一道人，以笛挂項下吹曲，其聲清暢，而不近口，竟不

【三】唐元和中裴宙牧荊州　「元和」、「宙」，郁賢皓《唐刺史考》第二六七九頁考謂當作「貞元」、「胄」。

曉所以然。」此説已在三十年前。嘉定庚辰，先兄岳翁趙憲伯鳳，自曲江攜一道人歸三衢，亦喉間有竅能吹簫。凡飲食，則以物窒之，不然，水自孔中溢出。每作口中語，則塞喉間，作喉間語，則以手掩口。先兄之所目覩。但不知沙隨先生昔所見者，是此人否【四】？

先伯諱上大下正。字汝弼，登淳熙丁未第。初，隆興乙酉，請鄉舉，時主司命題云：「平康正直，彊弗友，剛克，燮友，柔克，沈潛，剛克，高明，柔克。」已而春官失利，夢神人告曰：「汝若再遇四克，始克有濟。」自以爲經旨中，别無四克矣。淳熙丁酉再試，題云：「撫于五辰，庶績其凝，無教逸欲有邦，兢兢業業，一日二日萬幾。」場中遇程三畏，字景宣，厲聲云：「汝弼可賀矣，不記向時之夢耶？今果有四克。」是年遂再薦，景宣爲解首。嘉定辛酉，鄉人王佐起莘，以免舉赴省。忽一日，告從姪慶辰云：「昨宵夢趙宰拉赴鹿鳴，與公隣坐，已而杳然。」後三舉庚午，慶辰預薦。時新舉只六人，宰招已第者十人同宴，起莘預焉，果與慶辰隣坐。宰亦天族師備。信知得失，莫非前定云。

張約齋《種花法》云：「春分和氣盡，接不得，夏至陽氣盛，種不得。立春正月中旬，宜接櫻桃、木樨、徘徊黄、薔薇。正月下旬，宜接桃、梅、李、杏、半丈紅、蠟梅、梨、棗、栗、柿、楊柳、紫薇。二月上旬，可接紫笑、綿橙、匾橘。已上種接，竝於十二月間，沃以糞壤兩次，至春時，花果自然結實。立秋後，可接金林檎、川海棠、黄海棠、寒毬、轉身紅、祝家棠、梨葉海棠、南海棠。以上接種法，竝要接時將頭與本身皮對皮，骨對骨，用麻皮緊纏，上用

【四】但不知沙隨先生昔所見者是此人否　「者是」，《稗海》本作「有似」。

箬葉寬覆之。如萌茁稍長，即撤去箬葉，無有不成也。

沙隨先生嘗蓄一歙硯，後有蔡忠惠題詩曰：「玉質純蒼理緻精，鋒鋩都盡墨無聲。相如間道還持去，肯要秦人十五城。」後以送汪書季路。又汪書寓三衢，以五千得一硯，後刻東坡銘曰：「東坡硯，龍尾石。開鵠卵，見蒼璧。與居士，同出入。更寒暑，就燥濕。今何者，獨先逸。同參寥，老空寂。」二硯皆佳物也。

鄱陽自雍熙乙酉梁顥榜，至紹定己丑，登科者五百七十餘人。其間三世聯登者，唯三家：龍谿先生汪藻、汪槩、汪轂；張宗謂、張琮、張棫；鮑煜、鮑安世、鮑升之。汪氏之登科者七世，張氏今亦六世，然非正嫡相續也。鮑氏安國、安行、安世兄弟，三科連中，故程文昌伯禹贈之詩，有「七年三破桃花浪」之句。其餘父子兄弟俱中科第者甚多，不勝紀載。

世南家嘗藏高麗國使人狀數幅，乃宣和六年九月，其國遣使金紫光禄大夫、檢校司空、知樞密院事、上柱國李資德，副使太中大夫、尚書禮部侍郎、柱國、賜紫金魚袋金富轍，至本朝謝恩進奉，各有四六，倣中國體。李之詞云：「跂予望之，適江干之弭節；亦既犯高廟嫌諱。原注。止【五】，幸堂上之披風。況飛五朶之雲，特貺千金之幣。禮當拜受，心則愧惶。」金之詞云：「穆如清風，幸被餘光之照；酌彼行潦，可形將意之勤。幸被寬裕而有容，敢以菲微而廢禮。所塵名品，別且染濡。」私覿之物，則幞頭紗三枚，白成鈒花銀盤一

【五】亦既止　「既」下應有「媾」字，原注「犯高廟嫌諱」。

大面，十二兩。紫大紋羅一匹，生大紋羅二匹，白䞓大綾一匹，生花綾二匹，白細苧布三匹，紙八十幅，黄毛筆二十管，松煙墨二十挺，松扇三合，摺疊扇二隻，螺鈿硯匣一副，螺鈿筆匣一副，尅絲藥袋一枚，尅絲篦子袋一枚，繡繫腰一條，茯苓二斤，白术二斤，白銅器五事而已。是年有請于上，願得能書者至國中。於是得旨，以徐兢爲國信所禮物官。兢之歸，因譔《高麗圖經》，備載其建國立政之體，風俗事物之宜上之。徽廟覽其書大悦，召對便殿，賜同進士出身，擢爲宗丞，兼掌書學。其奉使時，李資謙爲太師、尚書令。高麗國主，多納李氏爲后妃，由是門户光顯。資德，其弟也。金富軾爲同接伴，金氏爲大族，自前史已載，其與朴氏，族望相埒，故其子孫，以文學進。富軾豐貌碩體，面黑目露，博學彊識，善屬文，知今古。富轍亦有時譽。徐嘗密訪其兄弟命名之意【六】，蓋有所慕。「文章動蠻貊」，此語蓋不誣云。

【六】徐嘗密訪其兄弟命名之意　「徐」，原誤作「吴」，據《稗海》及文淵閣《四庫全書》本改。

卷第七

沅芷黎谿硯，紫者類端石而無眼，有金束腰，眉子紋。間有潤者，其初甚發墨，久而復滑，或磨以細石，乃仍如新。有色緑而花紋如水波者，有色黑而金星者，有生自然銅於石中，琢以爲北斗、三台之類者，有生白線當中而爲琴樣者，其類不一。慶元間，單路分煒字丙文，始創爲硯，以遺故舊，今遂盛行，終在端、歙之下。單雖西班，乃中原故家。居黔陽，好古博雅，所蓄奇玩甚富，仍精於別辨。平生俸入，盡費於此。學小王書，筆法尤妙。始習補之梅，而自成一家。吾鄉姜堯章，學書於單。姜帖今亦少有。世南嘗藏姜一帖，正與單論劉次莊輩十數家釋帖非是，又云：「吾帖中【一】，只張芝《秋涼帖》、鍾繇《宣示帖》、皇象《文武帖》、王廙小字二表，皆在右軍之上。」其說尤新。有《絳帖評》二十卷，恨未之見也。

嘉定甲申夏，有持潁濱先生帖十數幅求售，蹤跡所自，知非贋物明甚。有《黄樓賦》一篇，讀之，其間「前則項籍、劉戊」一句中，《觀瀾文》作「劉備」，《潁濱集》作「劉季」。《觀瀾文》注云：「徐州牧陶謙病篤，謂別駕麋竺曰：『非劉備不能安此邦。』及謙死，竺率州人迎先主，先主未敢當。陳登、孔融曉諭之，先主遂領徐州。」劉戊乃楚元王交之子也。

校勘記

【一】吾帖中　「吾」原誤作「悟」，據《稗海》及文淵閣《四庫全書》本改。

漢六年，既廢楚王信，分其地爲二國，立劉賈爲荆王，交爲楚王，王薛郡、東海、彭城三十六縣，先有功也。交薨，戊嗣，稍淫暴，遂應吴王反起兵。會吴與周亞夫戰，絶吴糧道，士飢，吴王走，戊自殺。彭城即徐州，先生之意，蓋以此也。不知當來作劉備、劉季，而後來易以戊耶？或傳寫訛謬，而意其爲備爲季耶？要當以先生手書爲定也。

己丑秋孟，訪一親舊，出示古物數種，皆所未見。一刀長可七八寸，微彎，背之中有細齒如鋸，末有環。予退而攷諸傳記，乃知其爲「削」。《考工記》「築氏爲削，長尺博寸，合六而成規」；此所以微彎也。鄭氏謂之書刀【二】，以滅青削槧，如仲尼作《春秋》，筆削是也。蕭、曹皆秦刀筆吏，師古曰：「刀，所以削書也。古用簡牒，皆以刀筆自隨。」鄭氏又謂【三】：「三分其金而錫居一，謂之大刀；五分其金而錫居二，謂之削。」如此，是「刀」與「削」分爲二物也。鄭氏曰：「刃，刀劍之屬；削，今之書刀【四】。」孔安國曰：「赤刀，赤刃削。」《少儀》曰：「刀卻授拊【五】。」鄭氏曰：「穎，環也；拊，把也。」《釋名》曰：「刀，到也，其末曰鋒，若鋒刺之利也【六】。其本曰環，形似環也。」然則直而本環者，刀也；曲而本不環者，削也。予所謂有齒如鋸者，正《釋名》所謂「若鋒刺之利者」。但其本有環，又不可名之以削。古人製作精微，必有所本，更俟請教於博洽君子云。

包遜字敏道，象山先生之上足也。寶慶丁亥，爲世南言，頃在臨安，謁魏舍人了翁，蒙予進，因出《雲萍録》令書。包有六子，皆從心，其間名恊者，舍人指曰：「此非從心，乃是

【二】鄭氏謂之書刀　「刀」，今《周禮注疏》卷四〇《考工記》作「刃」。

【三】鄭氏又謂　按：以下所引，乃《周禮·考工記》正文。

【四】今之書刀　「刀」，同前書作「刃」。

【五】刀卻授拊　按：今本《周禮注疏》卷三五《少儀》作「刀卻刀授穎，削則拊。」

【六】若鋒刺之利也　「鋒」，今本《釋名》作「蜂」，下同。

從十。」有館客李丈，留心字學，數十年矣，待爲叩之。少選李至，遂及此，云：「其義有二。從十乃衆人之和，是謂『協和萬邦』之協；從心乃此心之和，是謂『三后協心』之協。」世南嘗以語士大夫，間有云：「恐出臆斷。」後閲《集韻》，果如前所云。是知作字偏旁，不可毫髮之差。李丈名肩吾，眉人，學問甚富，世南嘗識之云。

坡公元豐七年自黃量移汝海，五月訪張文定公於瑞，七八月間，留連金陵，過陽羨，九月抵宜興，通真觀側郭知訓提舉宅，即公所館。往年邑簿朱冠卿，續編《圖經》云：「五十五里，地名黃土村，坡公嘗與單秀才案：商刻「單秀才」作「董秀才」。步田至焉，地主以酒見餉，謂坡曰：『此紅友也。』坡言：『此人知有紅友，不知有黃封，真快活人也。』田主有曹姓者，已鬻而造訟，有司已察而斥之。坡公移牒，以田歸之。邑人慕容輝【七】，嗜酒好吟，不務進取，家于城南，所居有雙楠，立植如蓋。東坡訪之，目爲雙楠居士。長橋，元豐元年火，四年，邑宰褚理復立，榜曰『欣濟』。東坡過之，爲書曰：『晉周孝侯斬蛟之橋。』刻石道傍。崇寧禁錮，沈石水中，不知所在。」

諸香中，龍涎最貴重，廣州市直，每兩不下百千，次等亦五六十千，係蕃中禁榷之物。出大食國，近海傍常有雲氣罩山間，即知有龍睡其下，或半載，或二三載，土人更相守視。俟雲散，則知龍已去，往觀，必得龍涎，或五七兩，或十餘兩，視所守人多寡均給之，或不平，更相讎殺。或云：「龍多蟠於洋中大石，卧而吐涎，魚聚而嘬之，土人見則没而取

【七】邑人慕容輝　「輝」，《稗海》、文淵閣《四庫全書》本均作「揮」。

焉。」又一説，大洋海中有渦旋處，龍在下，湧出其涎，爲太陽所爍，則成片，爲風飄至岸，人則取之納官。予嘗叩泉、廣合香人，云：「龍涎入香，能收斂腦麝氣，雖經數十年，香味仍在。」《嶺外雜記》所載，龍涎出大食，西海多龍，枕石一睡，涎沫浮水，積而能堅【八】，鮫人採之，以爲至寶。新者色白，稍久則紫，甚久則黑。又一説云：「白者如百藥，煎而膩理，黑者亞之，如五靈脂而光澤。其氣近於臊，似浮石而輕。或云異香，或云氣腥能發衆香氣，皆非也。於香本無損益，但能聚煙耳。和香而用真龍涎焚之，則翠煙浮空，結而不散，坐客可用一翦以分煙縷。所以然者，蜃氣樓臺之餘烈也。」又一説云：「龍出没於海上，吐出涎沫有三品【九】，一曰『汎水』，二曰『滲沙』，三曰『魚食』。『汎水』輕浮水面，善水者伺龍出没，隨而取之。『滲沙』乃被濤浪飄泊洲嶼，凝積多年，風雨浸淫，氣味盡滲於沙土中。『魚食』乃因龍吐涎，魚競食之，復化作糞，散於沙磧，其氣腥穢。惟『汎水』者可入香用【一〇】，餘二者不堪。」曲江鄧灝以爲就三説較之【一一】，後説頗是。諸家之論不同，未知孰當？以愚見，第一説稍近。

天地萬物，莫逃乎數，知數之理，莫出乎《易》，知《易》之妙，惟康節先生。其學無傳，觀《皇極經世書》，槩可見矣。此外有所謂《太乙數》，能知運祚灾祥，刀兵水火，陰晴風雨，又能以之出戰守城，傍門小法，亦可知人命貴賤。渡江後，有北客同州免解進士王湜，潛心此書，作《太乙肘後備檢》三卷，爲陰陽二遁，繪圖一百四十有四。上自帝堯以來，至

【八】積而能堅　「積」下《説郛》本有「片」字。

【九】吐出涎沫有三品　「涎沫」下《説郛》本有「於水」二字。

【一〇】惟汎水者可入香用　同上本作「惟汎水輕者入香可用」。

【一一】曲江鄧灝以爲就三説較之　「灝」，同上本作「顥」。

紹興六年丙辰，凡三千四百九十二年，皆隨六十甲子，表以分野。如《通鑑》編年，前代興亡，歷歷可攷。然自古及今，應者雖多，不應者亦或有之。景祐間，命司天楊維德脩《五福太乙占書》，攷驗行度，亦爲精詳。其間云：「自石晉天福四年己亥歲，入東北遼東分，至國朝雍熙元年甲申歲，入東南吳分，至天聖七年己巳歲，入西南蜀分。」後人繼加攷算，至熙寧七年甲寅歲，入中宮洛陽分，至宣和元年己亥歲，入西北西河分，至隆興二年甲申歲，入東北遼東分，至嘉定二年己巳歲，入東南吳分，向後至甲寅年，入西南秦分。上來五福太乙所臨之分，自合太平至治。今推而上之，後周宣帝元年己亥歲，至唐高祖武德六年癸未歲，五福太乙在西南，凡四十五年。中更隋、唐禪代之變，正在本宮分野。又自唐宣宗大中三年己巳歲，至昭宗景福二年癸丑歲，五福太乙在中宮，凡四十五年。中更僖宗廣明黃巢之變，中國之禍甚慘。既曰五福所臨，何爲又卻如此？本朝興國九年，有方士楚芝蘭言「五福今照吳分」，上命建太乙宮於京城外之蘇村，命芝蘭爲春官正，又命宰臣張齊賢醮享之。然其所以不應者亦有說。王湜跋《肘後備檢》，立論甚通。其說云：「后羿、寒浞之亂，得陽九之數七，赧王衰微，得陽九之數八，桓、靈卑弱，得陽九之數九，煬帝滅亡，得陽九之數十。周宣王父厲而子幽，得百六之數十二，敬王時，吳、越相殘，海內多事，得百六之數十三，秦滅六國，得百六之數十四，東晉播遷，十六國分裂，得百六之數極，而反於一。五代亂離，百六之數三。此皆所應者也。舜、禹至治，萬世所師，得百六之數七，成、康刑措四十餘年，得百六之數十一。小甲、雍己之際，得陽九之數五，而百六之數九，庚丁、武乙之際，得陽九之數六，不降享國五十九年，得百六之數八，盤庚、小辛之際，得百六之數十，明帝、章帝，繼光武而臻泰定，得百六之數十五，貞觀二十三年，近世所謂太平，得百六之數二，此皆所不應者也。《福應集》云：『唐武德七年甲申，五福太乙入中宮洛陽之分，繼有貞觀之治，遂以此爲福應。』然宣、懿、僖、昭之際，再入中宮，而貞觀之治何不復舉？又云：『唐昭宗天祐四年丁卯，四神太乙入六宮雍州之分，而昭宗禪位於梁，遂以此爲禍應。』然開元十六年，亦入六宮，乃太平極治，與貞觀比。以至夏桀放於南巢，商紂亡於牧野，王莽篡漢，禄山亂唐，陽九、百六之數皆不逢之。此其故何也？余嘗深究其所以然。昔周公問太公：『何以治齊？』曰：『舉賢而尚功。』周公以之爲强臣之漸。太公問周公：『何以治魯？』曰：『親親而尚恩。』太公以之爲浸弱之基。是以聖人推三代損益，而百世可知。大抵天下之事，因緣積襲，固有繫於人事，未必盡由天理。通天地人曰儒，通天、地而不通人曰技。拘然執此，以爲不可改易，乃術士之蔽，非儒者之通論。善言天地者以人事，善言人事者以天地，豈可蔽於天而不知人乎？古之善爲政者，尚以知變爲賢，況冥冥之中，奉行天地號令，或主吉，或主凶，皆本於天地之一氣，安有固而不知變者？以堯、舜、禹爲君臣，文、武、周公爲父子，雖遇陽九百六之數，越理而降以禍，必不其然。自此而下，其他不能詳知者，皆可以類推也。色不過五，五色之變不可勝觀。聲不過五，五聲之變不可勝聽。太乙不過十神、十精、四計之類，彼其周流於天地間，始而有終，終則復始，古既不異於今，今亦不異於古，然上古至治，終不可復，又中間盛衰興廢，亦不可循前而取。豈非人事之不齊，故應之者亦不一耶？術固有之，太乙考治人君之善惡，臨有道之國則昌，臨無道之國則亡，有天下國家者，可不謹哉！」已上皆王說。蓋太乙數中，專攷陽九、百六之數，以四百五十六年爲一陽九，二百八十八年爲一百六。陽九，奇數也，爲陽數之窮；百六，偶數也，爲陰數之窮。大抵歲運值之，終有厄會。洪文敏公《五筆》中，載陽九、百六之說，與此不同。本朝康定、庚辰。慶曆辛巳。間，西羌方熾，天下騷動，詔求有文武材可用者，參政宋綬，侍讀林瑀，皆以徐復薦。復至，仁宗訪以世務，復曰：「今年氣運，類唐德宗居奉天時。」上驚曰：「何至爾耶？」復曰：「德宗性忌刻，其德與凶會。陛下恭儉仁恕，屈己容物，雖時與德宗同，而德與德宗異，運雖凶，無能爲也。」此說正與王湜之論合，故并紀之。

校勘記

卷第八

黄公銖字子厚，富沙浦城人。與朱文公爲交友，長於詩，劉潛夫宰建陽，刻其《穀城集》於縣齋。黄之母筆力甚高，世南嘗見黄親録詞稾，今載于此。云：「先妣沖虚居士，少聰明，穎異絶人，於書史無所不讀，一過輒成誦。年三十，先君捐弃，即抱貞節以自終。平生作爲文章、詩辭甚富，晚遭回禄，毁爇無餘。此詞數篇，皆膾炙在人者，因訪求得之。適予與景紹主簿兄有好，且屢見索，敬書以贈。紹興三年中春二十有四日黄銖識。」景紹，則大參鄭公昭先也。其一《滴滴金》云：「月光飛入林前屋。風策策，度庭竹。夜半江城擊柝聲，動寒梢棲宿。等閒老去年華促，祇有江梅伴幽獨。夢繞夷門舊家山，恨驚回難續。」其二序云：「力脩寶學賢表，宴胡明仲侍郎，遣歌姬來乞詞，作《醉蓬萊》令歌之。」「看鷗翻波濺，蘋末風輕。水軒消暑，雲疊奇峯。破桐陰亭午，列岫連環，溜泉鳴玉，對幅巾芒屨。況有清時，風流故人，劇談揮麈。才冠一時，論高兩漢，書扇豪蹤。吐鳳辭語，晝錦歸來，慶長年老母。且盡緑尊，莫懷歸興，聽扇歌高舉。會見登庸，泥封詔下，促朝天去。」其三《菩薩蠻》：「闌干六曲天圍碧，松風亭下梅初白。臘盡見春回，寒梢花又開。」曲瓊閒不卷，沈燎看星轉。凝竚小裴徊，雲間征鴈來。」其四序云：「葛氏姪女子告歸，作

《少年游》送之。」「雨晴雲斂，煙花澹蕩，遥山凝碧。驅車問征路，賞春風南陌。正雨後梨花幽豔白，悔怱怱，過了寒食。歸家漸春暮，探酴醾消息。」其五序云：「季温老友歸樵陽，人來閑書【一】，因以爲寄。」案：「其五」句下疑脱「憶秦娥」三字，「人來閑書」，「閑」字亦誤。「秋寂寞，秋風夜雨傷離索。傷離索，老懷無奈，淚珠零落。故人一去無期約，尺書忽寄西飛鶴。西飛鶴，故人何在，水村山郭。」其六《醉思仙》：「晚霞紅。看山迷暮靄，煙暗孤松。動翩翩風袂，輕若驚鴻。心似鑑，鬢如雲。弄清影，月明中。謾悲涼，歲冉冉，蕣華潛改衰容。前事銷凝久，十年光景怱怱。念雲軒一夢，回首春空。綵鳳遠，玉簫寒。夜悄悄，恨無窮。歎黄塵久埋玉，斷腸揮淚東風。」

朱文公晚年居考亭，便於野服，有《客位榜》云【二】：「滎陽吕公嘗言，京洛致仕官，與人相接，皆以閑居野服爲禮，而歎外郡或不能。然其指深矣。衰朽無狀，雖幸已叨誤恩，許致其事，而前此或蒙賓客不鄙下訪，初未敢遽援此例，便以老大自居。近緣久病，艱於動作，詘伸俯仰皆不自由，遂不免遵用舊京故俗，輒以野服從事。然而上衣下裳，大帶方履，比之涼衫，自不爲簡。其所便者，但取束帶足以爲禮，解帶可以燕居，免有拘絆纏繞之患，脱著疼痛之苦而已。切望深察，恕此病人。且使窮鄉下邑，得以復見祖宗盛時京都舊俗，其美如此，亦補助風教之一端也。至於筋骸攣縮，轉動艱難，迎候不時，攀送不及，區區之意，亦非敢慢，并冀有以容之，爲大幸也。」

【一】人來閑書　「閑」，文淵閣《四庫全書》本作「問」，疑是。

【二】便於野服有客位榜云　《稗海》、文淵閣《四庫全書》本均作「便著野客服有位榜云」。朱熹《晦菴集》卷七四有《休致後客次咨目》，即下文。

世南從三山故家見朱文公一帖云：「講明正學，其道必本乎人倫，明乎物理。其教自小學灑掃應對以往，脩其孝弟忠信，周旋禮樂。其所以誘掖激勵，漸磨成就之道，皆有節序。其要在於擇善脩身至於化成天下，自鄉人而可至於聖人之道。」先生教人，自致知至於知止誠意至於平天下，灑掃應對至於窮理盡性，循循有序。病世之學者，舍近而趨遠，處下而闚高，所以輕自大，而卒無得也。

世南於《紀聞》首端，嘗論「朞三百有六旬有六日之說」。以求教於白鹿胡堂長泳，胡云：「周天三百六十五度四分度之一，天左旋，日、月、五星右轉，此古今歷家之說皆然也。天左旋之説，信然矣。日一日行一度，月一日行十三度有零。日者陽之精，而行遲；月者陰之精，而行反速。大抵陽健而陰順，陽剛而陰柔。健而剛者，運行當速；順而柔者，運行當遲。今不特反是，月之行乃過於日十有二倍，其理不通，從來無人推見其所以然。近時晦庵朱文公解《毛詩正月》篇，亦用舊說，惟於《楚詞・天問》篇發其端，而不詳其實。天左旋，日月亦左旋，一晝夜以日之明晦爲節。日之行三百六十五度四分日之一，則比天之旋少一周，逐日所不及。天之運以二十八宿計之，分爲度數。蓋二十八宿乃經星，附天而行，凝然不動，可從而紀其度數。亦猶量地之里，云至某州、某郡若千里。州郡有定所，人莫不知，姑借之以爲限節也。高麗國有《九執歷》，正如此。竊意歷家以數之少者易算，日、月、天左旋，數之不及者少，取其易算，故假日月右轉也。『朞三百六旬有六日』，其原起於此。其實『朞三百六旬有五日又四分日之一』，《堯典》特舉成數而言耳。以之均爲十二月，則多六日無所歸，故又每歲作五六小盡，取其贏而湊足多之數，是以五年必有兩閏，以足每歲三百六旬有六日之成數也。雖是，除閏月，每歲只三百六旬有四五日。只有二十四氣，前後相去，皆三百六十五六日也。」胡學於文公者，多見前輩論議，皆有所本，故復紀於此。

雲林先生黄長睿云：「饅頭當用『饅』字，盧文弨云：案：「饅頭」本作「曼頭」，不作「饅」，字書無「饅」字。見束晳《餅賦》。興元關表諸郡，食肆所貨薑豉，用『僵』字最爲有理。」

予於菊磵高九萬處，見蘇紹叟手書憶劉改之《摸魚兒》一闋云：「望關河試窮遥眼，新愁似絲千縷。劉郎豪氣今何在？應是九疑三楚。堪恨處，便拚得一生寂寞長羈旅。無人寄語。但弔麥傷桃，邊松倚竹，空憶舊詩句。　文章事，到底將身自誤，功名難料遲暮。鶉衣簞食年年瘦，受侮世間兒女。君信否？盡縣簿高門，歲晚誰青顧？何如引去，任槎上張騫，山中李廣，商略儘風度。」又賦《雨中花》一闋云：「予往時憶劉改之，作《摸魚兒》，頗爲朋友間所喜，然改之尚未之見也。數日前，忽聞改之去□□□□□□悵惘殆不勝言。因憶改之，每聚首愛歌《雨中花》，悲壯激烈，令人鼓舞。輒倚此聲，以寓予思。凡未忘吾改之者，幸爲我和之。」「十載尊前，放歌起舞，人間酒户詩流。盡期君凌厲，羽翮高秋。世事幾如人意，儒冠還負身謀。歎天生李廣，才氣無雙，不得封侯。榆關萬里，一去飄然，片雲甚處神州。應悵望家人父子，重見無由。隴水寂寥傳恨淚，淮山宛轉供愁。這回休也，燕鴻南北，長隔英游。」紹叟有《泠然詩集》十卷行於世。

三山之俗，立春前一日，出土牛於鼓門之前。若晴明，自晡後達旦，傾城出觀，巨室或乘轎旋繞。相傳云「看牛」，則一歲利市。三日游賢沙，四日游天寧，六日烏石山之神光寺，西湖之水晶宫，逮暮始散。此皆圖志所不載也。

洪文敏公《容齋隨筆》，論人君壽考，自三代而後，惟梁武帝八十三，以侯景之禍，幽辱告終。至光堯太上皇帝之福壽，真可於天人中求之。國朝大臣如樞相張昇、宫保趙槩，皆八十六。陳文惠八十二，案：商刻云「八十三」。杜祁公八十一，富鄭公八十，文潞公獨九十二，張文定公八十五，范蜀公、曾宣靖、蘇文定皆餘八十。渡江後，惟史越王八十三，周益公八十云。

朱文公移簡輔漢卿云：「得趙昌父書，以致政大夫見呼，此甚真實，而又雅馴。可爲報同社諸人，今後請依此例也。」

何賢良名致，字子一。嘉定壬申游南嶽，至祝融峯下。按《嶽山圖》，禹碑在岣嶁山，詢樵者，謂「采樵其上，見石壁有數十字」，何意其必此碑，俾之導前。過隱真屏，復渡一二小澗，攀蘿捫葛至碑所。爲苔蘚封，剥讀之，得古篆五十餘，外癸酉二字，案：句誤，疑是「癸酉二字外」。俱難識。韓昌黎所謂「科斗拳身薤倒披，鸞飄鳳泊拏蛟螭」，而其形模，而字疑誤。

果爲奇特。字高闊約五寸許，取隨行市買曆辟而模之【三】，字每摹二，雖墨濃淡不勻，體畫卻不甚模糊。歸旅舍，方湊成本。何過長沙，以一獻曹十連彦約，并柳子厚所作及書《般舟和尚第二碑》；以一揭座右，自爲寶玩。曹喜甚，牒衡山令搜訪柳碑，本在上封寺，僧法圓申以去冬雪多凍裂。禹碑自昔人罕見之，反疑何取之他處以誑曹。何遂刻之岳麓書院後巨石，但令解柳碑來，匣之郡庠而已。

紹定癸巳七夕後一日，予甥董若金忽語予云：「適有自弋陽來者，言縣境桃花步漁人，入水見一物，長八尺，博四尺有五寸，約四百餘斤。兩頭如燕尾，腰有眼，其二圓，其二如半月。非鐵非石，圖形以示。云漁人舁至縣市，火，復舁至桃花，又火，遷于神祠始息，衆莫識。」予應曰：「此不難别，其制絶類岳陽樓下鐵枷。必縣傍谿中，古有龍祟，時得道之士如許旌陽者，鑄爲此物，以鎮塞妖蛟蜃穴。歲月深久，水所漬，故不類鐵。致災者，徙岸也。異時當復置水。」岳陽沙上數枚，人以爲厭勝鐵枷，或以爲湖賊王幺矴石，或云昔人拒敵鏁江之具，《圖經》皆疑其非。或有傅會者曰：「晉太康元年，大舉伐吴。二月戊午，王濬、唐彬，擊破丹陽監，吴人於江磧要害處，竝以鐵鎖横截之。」以爲必此物。今觀弋陽所出，可名之鏁江之具乎？以此驗彼，厭勝之物明矣。

德興邑廨，有石刻二詩云：「仕宦之身，天涯海畔。行商之身，南州北縣。不如田舍，長相見面。門無官府，身即彊健。麻麥徧地，豬羊滿圈。不知金貴，惟聞粟賤。夏新

【三】辟而模之　「辟」，《稗海》、文淵閣《四庫全書》本均作「碎」。

絹衣，秋新米飯。安穩眠睡，直千直萬。我田我地，我桑我梓。只知百里，不知千里。我飢有糧，我渴有水。」「百里之官，得人生死。孤兒寡婦，一張白紙。入著縣門，寃者有理。上官不嗔，民即歡欣。上官不富，民免辛苦。生我父母，養我明府。苗稼萋萋，曷東曷西？父母之鄉，天子馬蹄。」沙隨先生跋云：「右二詩，不知何人作。上饒公端殿汪先生，過豫章之進賢，手書于旅舍。後三十年，門人程迥授邑于兹。既受代，始於郡中得之，而真蹟不復存矣。友人高季安，會丞是邑，季安，先生姻戚也，因託刻于石。先生下世七年矣。噫！迥跋。」此詩始刻於進賢，再刻於德興。丙子巨浸，出於泥滓中，石斷字漫。邑宰潘傳重刻之。世南愛其言近而意切，懼其碑之復淪，故紀於此。

雪峯爲刹，與徑、蔣諸山相甲乙。懿宗咸通十一年，僧義存開山創寺。乾符二年，賜號真覺禪師，傳道德山五祖。寺有木毬，相傳謂常受真覺役使，呼僕招客，毬皆自往來。嘉泰間寺災，毬忽衮入池中，得不壞。山周遭百里間，皆巖音谿。竹笋，味極甘美。寺衆自三月至五六月，猶饜飫，亦覺所植也。

卷第九

世南近於三山郡齋，獲觀龍眠所作《奉節圖》，後題云：「景文老兄持節守大名，從辺吏以訪別。念非仁者，不能以言爲贈，贈之以佛衣綾而不受，贈之以紋縠而不受，戲作《奉節圖》，以見分首之拳拳。然朝廷委寄之重，雅歌長嘯，無復愧於古人矣。元祐坤成節日，龍眠山中人李公麟書。」景文即劉季孫也，平之子，東坡嘗薦之，後知隰州而歿。有詩寄坡云：「四海共知霜鬢滿，重陽能插菊花無？」死之日，家無一錢，但有書三萬軸，畫數百幅耳。其家藏王子敬《黄柑三百顆帖》，坡嘗有詩與景文云：「君家子敬十六字，氣壓鄴侯三萬籤。」坡一日語景文曰：「一則仲父，二則仲父，以何爲對？」劉云：「可對千不如人，萬不如人。」坡爲絶倒。

王金陵《字説》之作，率多牽合，固不免坡公之譏。建炎間，莆中鄭樵字漁仲，作《六書略》，謂象形、諧聲、指事、會意、轉注、假借，從六者而生，總計二萬四千二百三十五。其間惟諧聲類最多，計二萬一千八百一十。約以簡易，而盡得作字之義矣。自《説文》以字畫左旁爲類，而《玉篇》從之，不知右旁，亦多以類相從。如「戔」有淺小之義，故水之可涉者爲淺，疾而有所不足者爲殘，貨而不足貴重者爲賤，木而輕薄者爲棧。青字有精明之義，故日之無障蔽者爲晴，水之無溷濁者爲清，目之能明見者爲睛，米之去麤皮者爲精。凡此皆可類求。聊述兩端，以見其凡。

字學不講，多因前代諱惡，遂致書畫差誤。漢以火德王，都于洛陽，惡水能滅火，遂改「洛」爲「雒」。故今惟經書作「洛」，而傳記皆作「雒」矣。秦始皇嫌「辠」《韻略》在上聲。字似皇，改爲「罪」，自出己意，謂非之多則有辠也。今經書皆以「罪」易「辠」，獨《禮記》《爾雅》猶有可攷。「无」字，乃子雲奇字古文「天屈西北爲『无』」，今《易》中「無」皆從「无」，它書則雜之矣。「世」字，因唐太宗諱世民，故今牒、葉、棄皆去「世」而從「云」。「漏泄」、「縲紲」，又去「世」而從「曳」。「世」之與「云」形相近，與「曳」聲相近，若皆從「云」，則「泄」爲「沄」矣，故又從「云」而變爲「曳」也。「民」則易而從「氏」，昬、愍、泯之類，至今猶或從「氏」也。以至如晉諱昭，改昭穆之「昭」爲「韶」音，秦諱「政」，而改正月之「正」爲「征」音，至今從之，此何理耶？盧文弨曰：案：正未必爲始皇作「征」音也。

字聲有清濁，非強爲差別。夫輕清爲陽，陽主生物，形用未著，故字音常輕。重濁爲陰，陰主成物，形用既著，故字音必重。如衣施諸身爲「衣」，冠加諸首爲「冠」，衣與冠讀作平聲者，其音重。已定之物，屬乎陰也。讀作去聲者，其音輕，未定之物，屬乎陽也。物所藏曰「藏」，人所處曰「處」，「藏」平聲，「處」上聲者輕，其作去聲者皆重，亦其類也。

胡堂長伯量，記度常卿涵星研云：「寶慶丙戌秋八月，渝州度史君正奉詔入京，過金陵，出其所藏坡仙涵星研，而廬山胡泳記之曰：研，端石，以石眼在池得名。形方，以今尺度之，可廣四寸，其長倍蓰【一】。高寸有半，上廣下殺。其陰容掌，不啻面出。玉斗爲池，斗之半微爲窪坎，如半月，用以限墨。星在池者十有三，下皆乘以雲氣。大者四，其二近半月，其二倚南壁。而一復差大而高，外微緑，中黄，瞳如針眼而紺碧，衆星此爲獨勝。小者九，二倚東壁，二倚西壁，如參、商然，五者中立，一高二次而三低，如聚東井然。汲泉滿池，粲粲相輝，半月止墨，玄雲黲䨴而下，古人制作之精如此。星在陰者一。上列四字曰：『癸巳端巖。』下三字曰：『子容記。』子容，蘇丞相頌，意其初得也。東壁之外，有墨書『子瞻』二字。下有三字，惟『泓』字髣髴，二不可辨。西壁外，『子功』二字。史君云：『研陰七字，本亦未嘗刊，以借觀者衆，懼把玩之多，遂成泯没，故李氏刊之。』按坡詩有《以涵星研贈范純夫侍講》、《風月石屏贈子功中書》共二首，詩中模狀，與此研實合。以年譜攷之，當在元祐八年癸酉。研後歸李才元家，其孫家於成都之成都縣，史君以百五十緡購得之，外周以二鬃匣，蓋陰各有朱字紀歲月及土人姓名。外者，『乙亥案：商刻作「己亥」。洋州造，大方誌』。內者，『辛未杭州，後洋沈上牢』。坡仙元祐己巳以龍圖閣直學士、左朝奉郎知杭州，至辛未二月九日，除翰林承旨。則內匣爲坡仙在杭作無疑，距作詩爲先三年耳。范、李後爲婣家，故研歸李云。」

許樞密崧老，嘗記黄祕書辯博之説云：「昔長睿父博學好古，頗得三代之遺器。其

【一】其長倍蓰　「長」，《稗海》、文淵閣《四庫全書》本均作「表」。

鼎文有上下畫一而中重三者，長睿父識之曰：『此爭首也。蓋著飲食有訟之戒。』然則八十一首與《周易》準，其已久矣。」以世南之見，其器必後漢時物，蓋八十一首作於子雲，何緣三代時已有爭首？又云：「初，予與長睿父見古《太玄》於中祕書，長睿父手録藏之。明年，予復求之，則本已亡。長睿父以其所録借予而卒。予既作傳，藏長睿父書襄陵，俟見其子弟歸之。會狄難起【二】，城陷，而翰所傳《玄經》，與凡論次《周易》、《春秋》、《論語》、《法言》，以先附便舟適免。故古《太玄》，今獨予有。逮渡江留建業，一夕兵變火作，鬱攸被予舍望，予戟決藩籬遯去，自悼死生未測，而書知亡矣。然亂定，使人視之，則居以反風不焚。諸物席卷無遺，而書獨存，是歲建炎初元也。未幾，被召行在，以書屬家人而行。家入九江，復遇寇，而予舟焚儀真，攜書盡亡。獨《太玄》等，以家人奉之力，又免。去歲客分寧，邑人得予書刻之，未卒，而豫章陷，負書奔瀏陽。值亂兵入，盡棄其裝，以書夜度大光保平江。月餘，狄陷岳陽【三】，游騎至平江，復以書還分寧，刻書乃成，尚念世紛之未艾也，故屬長老清公，藏諸黄龍經藏。因念經之幾絶而僅存，艱虞若此，使學者知斯文之不墜，蓋有天助，而哀予顛沛流離萬里，保有之難也，而共振顯之。天人之際，精感神昭，則必有和同無間，而福禄不量者矣。宋建炎四年秋，洞霄隱吏許翰記。」古《太玄》今不復見，惜哉！

龍圖馬公遵，字仲塗，吾郡之樂平人。至和間爲諫官御史，言時政多聽用，《國史》有

【二】會狄難起　「狄」原作「兵」，據同上兩本改。

【三】狄陷岳陽　「狄」原作「敵」，據同上兩本改。

傳。今其家藏蔡忠惠帖，用金花牋十六幅，每幅四字，玩其波畫，令人起敬，真奇物也。世南嘗屢得觀之，云：「梅三，馬五，蔡大，皇祐壬辰中春，寒食前一日，會飲于普照院。仲塗和墨，聖俞按紙，君謨揮翰。過南都，試呈杜公、歐陽九評之，當處在何等？馬五諸我，精婢潤筆，皆是奇事。」凡六十四字，今前一紙四字不存。南軒先生嘗跋云：「蔡端明此書，大得顔平原浯溪磨崖刻筆意，世人但知其端嚴有法度，而不察其操縱運用妙處，何異趙括讀兵書乎？前輩評端明正書爲本朝第一，蓋不誣也。」

世南嘗從親戚馬建家，見洪文敏公内簡一幅《與族伯提刑》云：「正月十九日晚間宣召，從容聖語云：『近日郡守辭見，竝詣議事堂，太子封劄子來。但思之，甚有未盡處。蓋全不見語話，如何得識其賢否？朕於選引郡守，自有見處，幾於不傳之妙。』遂笑云：『所謂父不能以傳之子也。』邁奏：『每見批出別與差遣人者，無不合於公論。』上云：『如張垓者，觀其人材，儘做得一州，只緣鄂渚屯大軍，有諸司，卻恐它費力，故改與九江。』邁奏：『張垓是臣鄉人，故參知政事燾之子，其人誠如聖訓，案：商刻作「諭」。自得改命，極感聖恩。至於玉音説其爲人，雖鄉里與之久處者，不過知之如是，而陛下一見，即盡其平生，可謂至當。』上笑而頷首。觀此，足知簡記不忘，故詳以報。」此段乃孝宗皇帝天語，拜手敬觀，益足以窺聰明冠倫妙處也。

階州産石，品第不一。白者明潔，初琢時可愛，久則受垢色暗，今朝廷取爲册寶等用。

有黄、青、黑、緑數色，取之不窮，而性軟易攻，故價亦廉。巴州、嘉定府，皆産玉石，曰「巴璞」、「嘉璞」，堅而難琢，與玉質無異，故價數倍於階石。其温潤略與玉等。敘州宣化縣，亦有玉石，曰「宣化璞」。谿源出黎雅大渡河，其品最高，有胭脂標、瓜蔓標，琢爲器物，白若凝脂，非精鑒者不能辨。峽州之上百里間，有黄牛神祠，祠中多玉石，皆往來賈客或牽江人得於沙磧間者以獻。有一石，質黑紋白，隱然龍形，作蜿蜒狀，鱗角鬣鬛悉備具。又有如孔雀尾者，是爲石中之異。忠州樂磧市出玉石，舟至岸，人競持來求售。有指甲紋，亦有磨見白質者，雖光瑩可觀，然皆碔砆也。是數郡所産，皆予所經歷，故亦稍能識别。

橄欖，閩、蜀俱有之。閩中丁香一品，極小，雋永，其味勝於蜀産。家君嘗手植核於小圃，伺其萌茁，再歲而樹壯。畏霜，覆以屋。又三歲，高二丈許，始實，初如菉豆，凡兩月漸大，有墮地者，視之，木患子也。案：商刻「患」作「槵」。皮可洗衣，功不讓皂角，核則人以爲念珠者。嗚呼！地土風氣之能移物性如是耶？橘踰淮而北爲枳，鸜鵒不踰濟，貉踰汶則死。地氣使然，無足多怪。

後山贈二蘇公詩，末云：「如太醫王治膏肓，外證已解中尚彊。探囊一試黄昏湯，一洗十年新學腸。」任子淵注云：「按《圖經》、《本草》曰：『合歡，夜合也，一名合昏。』韋宙《獨行方》胸中甲錯，是爲肺癰，黄昏湯治之。取夜合皮掌大一枚，水煮服之。」其説最爲牽合無義。沙隨先生云：「晚年因閲《本草》，王孫，味苦平，無毒，主五藏邪氣。吴名白功草，楚名王孫，齊名長孫，一名黄孫，一名黄昏，生海西川谷。蓋指當時癖學，爲五臟邪氣耳。」取義精深如此。

莊子云：「夔憐蚿，蚿憐蛇，蛇憐風，風憐目，目憐心。」蓋謂天機所動，何可易邪？夔止一足。蛇雖無足，行疾於蚿。蛇行雖疾於蚿，豈如風之蓬然起於北海，入於南海之疾？風雖疾而勝矣，豈若目視所到爲最疾。目視雖疾，又不若心之所之更疾也。大率推廣「大勝者，唯聖人能之」之意。晦翁先生荅或人論心之問曰：「心之虚靈，無有限量。如六合之外，思之則至。前乎千百世之已往，後乎千萬世之未來，皆在目前。」又曰：「人心至靈，千萬里之遠，千百世之上，一纔發念，便到那裏。神妙如此，卻不去養他，自旦至暮，只管展轉於利欲之中，都不知覺。」此説通透極妙。如莊子，是從譬喻上説來，且卒章不説心字，故令人卒看難曉也。

南谿柴先生中行，字與之，吾鄉前輩也。以國學上舍，登紹熙庚戌甲科，事寧考爲祕書監。初任臨川推官，戊午秋大比，漕司前期取脚色，必欲書「委不是僞學」五字。公得文移，即具申云：「自幼習《易》，讀程伊川之書，以收科第。於新制，未委是與不是僞學？如以爲僞，不願攷校。」漕難其報。後有讒之者，内臺欲加論列，何公澹在諫省曰：「其人所守不變，可罪之乎？」

卷第十

黄祕書長睿父之子詔，紀其尊人建炎庚戌在平江圍城中失去楊凝式書一册，并其先人手書《楊傳》，以無别本，念念不忘。是歲四月，復寓饒之德興太寧資福寺，偶録遺文，遂見之，喜甚。予偶得其本，恐終失墜，今紀其《年譜》、《家譜》、《傳》、《贊》於此：唐咸通十四年癸巳，凝式是年生，故題識多自稱「癸巳人」。唐天祐四年丁卯，是年夏，朱全忠篡唐，凝式諫其父唐相涉，宜辭押寶使。涉懼事泄，凝式自此遂陽狂，時年三十。《五代史補》言「時年方弱冠」，誤也。晉天福四年己亥三月，有《洛陽風景》四絶句詩，年六十七。據詩云「到此今經三紀春」，蓋自丁卯至己亥，實三十年。則自全忠之篡，凝式即居洛矣。真蹟今在西都唐故大聖善寺勝果院東壁，字畫尚完，亦有石刻。書側有畫像，亦當時畫。又廣愛寺西律院有壁題云：「後歲六十九。」亦當是此年所題。此書凡兩壁，行草大小甚多。真蹟今存，但多漫暗，故無石刻。天福六年辛丑，是年六月，有天宫寺題名，稱太子賓客，時年六十九。真蹟今在此寺東序《題維摩詰》後。又吏部郎榮輯家，有石刻一帖，無年，但云「太子賓客楊凝式，暮春奉板輿至自真原」等語。其末云「清和之月復至」，當是此年前後也。天福七年壬寅，是年有《奠定智大師》詩二首，時年七十。真蹟在文潞公家，刻石在從事郎蘇太寧家。晉開運元年甲辰，是年元衍「歲在甲辰」四字。四月十五日，有《看花》詩八韻，時年七十二。題於洛陽一僧舍書勝上，後云「維晉九載」。今刻石在湖州前殿中侍御史劉壽家。案：商刻作「劉燾」。八月再題太子少保，時年七十三。開運二年乙巳，是年五月，於天宫寺題壁，論《維摩經》等語。真蹟今在此寺東序，并辛丑題同刻石。開運四年丁未，是年二月竝七月，有《寄惠才大師左郎中》詩三首，稱「會同丁未歲」，「會同」即契丹入晉改元之號也。時年七十五，稱太子少傅。真蹟在文潞公家，刻石在蘇太寧家。周廣順三年癸丑，是年於長壽寺華嚴東壁題名，時年八十一。後又題「院似禪心靜」等二詩，稱太子少師，亦應是此年。真蹟今爲人移去，石刻亦不存，人或得舊本耳。又有與其從子侍御者《家問》二帖，後題「廣順癸丑歲孟夏月」，真蹟在洛陽士人家。又有「判完契」五十餘字，在洛陽故職方郎李氏家者，刻之無年，但稱七月十六日太子少師楊草名，亦應是廣順中也。又《家譜》云：唐脩行楊氏，系出越公房，本出中山相結次子繼，生洛州刺史暉，暉生河間太守恩，恩生越恭公鈞【一】，出居馮翊。至藏器，徙潯陽。唐相楊收之父曰遺直，生四子，名皆從「乀」，曰發、假、收、嚴，以四時爲義，故發之諸子名皆從「木」，假之子從「火」，收之子從「金」，嚴之子從「水」。嚴生涉，涉生凝式。而收乃藏器之兄，涉之伯也。《新五代史記·唐六臣傳》，乃以收爲涉之祖，嚴之父，非也。楊凝式字景度，隋越公素之後，唐相涉之子也。天資警悟，工草隸，善屬文。昭宗時第進士，爲度支

【一】恩生越恭公鈞　「鈞」，原誤作「鈞」，據《新唐書·宰相世系表》改。

巡官。再遷祕書郎，直史館。梁開平中，爲殿中侍御史，禮部員外郎。去從西都張全義辟爲留守巡官。梁相趙光裔器其才，奏爲集賢殿直學士，改考功員外郎。唐同光初，以比部郎中知制誥，改給事中、史館脩撰，判館事。明宗立，拜中書舍人。長興中，歷右散騎常侍，工、禮、户三侍郎。後以疾免，改祕書監。清泰初，遷兵部侍郎，復以疾歸洛。晉天福中，遷太子賓客，尋除禮部尚書，致仕。開運中，宰相桑維翰表起爲太子少保，分司。漢乾祐中，歷少傅、少師。周廣順中，再請老，以尚書右僕射致仕。顯德初，改左僕射、太子太保。元年冬，薨於洛陽，年八十二。《舊史》云年八十五，誤也。贈太子太傅。初，凝式父、祖，世顯於唐。至涉相哀帝，時方賊臣陵慢，王室殘蕩，賢人多罹患。涉受命，泣語凝式曰：「世道方極，吾嬰網羅不能去，禍將及，且累汝。」朱全忠篡唐，涉當送傳國寶，凝式諫曰：「尊爲宰相，而國至此，不爲無過。乃更持天子印紱與人，雖保富貴，如千載史筆何？」時全忠恐唐室舊臣，不利於己，往往陰訪羣情，疑貳之間，及禍者甚衆。涉常不自保，忽聞凝式言，大驚曰：「汝赤吾族矣！」凝式恐事泄，因佯狂，而涉以謙持，終免梁禍。凝式雖仕歷五代，以心疾閒居，故時人目以「風子」。其筆迹遒放宗師歐陽詢與顔真卿，而加以縱逸。既久居洛，多遨游佛道祠，遇山水勝槩，輒留連賞詠。有垣牆圭缺處，顧視引筆，且吟且書，若與神會，率寶護之。其號或以姓名，或稱「癸巳人」，或稱「楊虚白」，或稱「希維居士」，或稱「關西老農」。其所題後，或真或草，或不可原詰。而論者謂其書自顔中書後，一人而已。其佯狂之迹甚著，卜第於尹居之側，遇入府，前輿後馬，猶以爲遲，乃杖策徒行，市人隨笑之。常迫冬，家人未挾纊，會有故人過洛，贈以綿五十兩、絹百端，凝式悉留之脩行尼舍，俾造襪以施崇德、普明兩寺飯僧。其家雖號寒啼飢，而凝式不屑屑也。留守聞其事，乃自製衣給米遺之。凝式笑謂家人曰：「我固知留守必見賙也。」每旦起將出，僕請所之，楊曰：「宜東游廣愛寺。」僕曰：「不若西游石壁寺。」凝式舉鞭曰：「姑游廣愛。」僕又以石壁爲請，凝式乃曰：「姑游石壁。」聞者撫掌。凝式詩什，亦多雜以恢諧。少從張全義辟，故作詩紀全義之德云：「洛陽風景實堪哀，昔日曾爲瓦子堆。不是我公重葺理，至今猶自一堆灰。」它類若此。石晉時，張從恩尹洛，凝式自汴還，時飛蝗蔽日，偶與之俱。凝式先以詩寄從恩曰：「押引蝗蟲到洛京，合消郡守遠相迎。」從恩弗怪也。然凝式詩句自佳，及至洛後，以詩贈從恩云。案：此句下疑有脱文。其題壁有：「院似禪心靜，花如覺性圓。自然知了義，争肯學神仙。」清麗可喜也。尹洛者皆當時王公，凝式或傲然不以爲禮，尹亦以其耆俊狂直，不之責也。凝式本名家，既不遇時，而唐、梁之際，以節義自立。襟量宏廓，竟免五季之禍，以壽考終。洛陽諸佛宫，書跡至多。本朝興國中，三川大寺刹，率多頹圮，翰墨所存無幾，今有數壁存焉。士大夫家，亦有愛其書帖者，皆藏去，以爲清玩。世以凝式行書，頗類顔魯公，故謂之顔楊云。《贊》曰：唐李不綱【二】，朱晃乘時盜國，一時公卿大夫迫於凶威，魚伏鼠遯，能全節者無幾。故六臣奉璽紱，駿奔昇

【二】唐李不綱　「李」，《稗海》、文淵閣《四庫全書》本均作「季」，疑是。

之，惟恐居後。而凝式乃能諫父，以千載史筆爲恥。因兹陽狂，弗與世網，優游卒歲。言足以厲俗，智足以全生。正諫似直，吏隱如愚。豈特甯武子、東方朔之流乎！世徒知陽狂可笑，而不知其所以狂；案：商刻「不知」作「不言」。徒知墨妙可傳，而不言其挺挺風烈如此。諫涉之事，新、舊《史》皆弗書，復不爲立傳，可勝歎哉！余因彙次筆跡，遂爲之傳。使百代之下，知凝式者，不特以工書與陽狂而已。

歐公小草，世不多見。沙隨先生家，有所藏石刻，東坡跋云：「文忠小草《秋聲賦》、《歸鴈亭》詩，當爲希世珍藏。而思仲乃得之老人家箱篋間，以苴藉綫纊者。荆山之人，以玉抵鵲，非虚言也。」沙隨跋其後云：「張湯逢君之惡，賊殺不辜，獨以推賢揚善，有後於漢。文忠公推賢揚善之功，一時元老鉅公，多出其門，非湯所敢望其萬一，而無湯之罪。今其後止有選人三數輩。景德監鎮俣【三】，得替，半年未得去，又選人之困者也。天之報施，有時而爽，可爲慨嘆！」又云：「堯、舜一傳已不振，吾於文忠何恨？雖然，令聞廣譽，常若袞繡，筆力千鈞，常若壯夫。豈與曹蜍輩，富貴宦達者，同日語哉！」

世南仕閩中，於忠定李丞相家，見坡公一帖云：「某頓首，秋暑不審起居佳否？某與兒子八月二十九日離廉，九月六日到鬱林，七日遂行。初約留書歐陽晦夫處，忽聞秦少游凶問，留書不可不言，欲言又恐不的，故不忍下筆。今行至白州，見容守之猶子陸齋郎云：『少游過容留多日，飲酒賦詩如平常。容守遣般家二卒，送歸衡州，至藤，傷暑困卧。

【三】景德監鎮俣「俣」，同上兩本均作「俁」。

至八月十二日，啓手足於江亭上。徐守甚照管其喪，仍遣人報范承務，范先去，已至梧州。范自梧州赴其喪。此二卒申知陸守者止於如此，其他莫知其詳也。』然其死則的矣，哀哉痛乎！何復可言？當今文人第一流，豈可復得？此人在，必大用於世，不用，必有所論著，以曉後人。前此所著，已足不朽，然未盡也。哀哉！哀哉！其子甚奇俊，有父風，惟此一事，差慰吾輩意。某不過旬日到藤，可以知其詳，續奉報。次尚熱，惟萬萬自重。無聊中奉啓，不謹。某再拜元老長官足下。九月六日。」「元老」不審爲誰，當考。觀此，足見坡公篤愛交友，留意人才，爲可敬嘆。所謂奇俊之子，名湛，字處度者也。

谷簾、三疊，廬阜勝處，惟三疊於紹熙辛亥歲，始爲世人所見。宣和初，有徐上老，弃官脩淨業，名動天聽，被旨祝髮，住圓通，號青谷止禪師。當時已觀此泉，圖于勝果寺之壁。蓋未出之先，緇黄輩已見，特祕而不發耳。從來未有以瀹茗者。紹定癸巳，湯制幹仲能主白鹿教席，始品題，以爲不讓谷簾。嘗有詩寄二泉於張宗瑞曰：「九疊峯頭一道泉，分明來處與雲連。幾人競賞飛流勝，今日方知至味全。鴻漸但嘗唐代水，涪翁不到紹熙年。從茲康谷宜居二，試問真巖老詠仙。」張賡之曰：「寒碧朋尊勝酒泉，松聲遠壑憶留連。詩於水品進三疊，名與谷簾真兩全。畫壁煙霞醒昨夢，茶經日月著新年。山靈似語湯夫子，恨殺屏風李謫仙。」九疊屏風之下，舊有太白書堂，及有詩云「吾非濟代人，且隱屏風疊」之句。楊子江心水，號「中泠泉」，在金山寺傍，郭璞墓下。最當波流險處，汲取甚艱。士大夫慕名求以瀹茗，操舟者多淪溺。寺僧苦之，於水陸堂中，穴井以給游者。往歲連州太守張思順，監江口鎮日，嘗取二水較之，味之甘冽，水之輕重，萬萬不侔。乾道初，中泠别涌一小峯，今高數丈，每歲加長。鸛棲其上，峯下水益湍，泉之不可汲，更倍昔時矣。玉乳泉，在丹陽縣練湖上觀音寺中。本一小井，舊傳水潔如玉。思順以淳熙十三年沿檄經由，專往訪索。僧蹙頞而言：「此泉變爲昏黑，已數十年矣！」初疑其紿，乃親往驗視，果如墨汁，嗟愴不足，因賦詩題壁曰：「觀音寺裏泉經品，今日唯存玉乳名。定是年來無陸子，甘香收入柳枝瓶。」明年攝邑，六月出迎客，復至寺，再汲，泉又變白。置器中，若雲行水影中。雖不極清，而味絶勝。詰其故，蓋紹興初，宗室攢祖母柩於井左，泉遂壞，改遷不旬日，泉如故。異哉！事物之廢興，雖莫不有時，亦由所遭於人如何耳。宗瑞，思順之子也。

原跋

博物洽聞，儒者事也。非足跡所經歷，耳目所睹記，則疑以傳疑，猶未敢自信，況取信於人乎？太史遷少時，游江淮，上會稽，探禹穴，闚九疑，浮沅湘，涉汶泗，訪齊魯之舊蹟，過梁楚之故地，然後採摭異聞，參討往事，而大放於史筆間，至今史官宗信。鄱陽張光叔，文獻故家也。講學家庭，藏書日富。蚤從雲臺史君游宦入蜀，見聞已不凡矣。及涉江湖，達浙閩，視昔所獲夥甚。懼遺忘而隨筆之。噫！有志哉。余與光叔交，每見其搜訪異書，如獲至寶，極力傳寫，初不知異聞之有録也。一日出示余，洞心駭目，多聞所未聞者。以半生經歷睹記之富，而余得大嚼焉，饜飫飽矣。使用志不已，網羅山海之百珍，畢陳其中，不特染指者之一快，脩史校書，它日或有採證，豈小補云乎哉！因書其後歸之。紹定壬辰中冬前一日，忠定後人李發先書。

盧跋

此書會稽商濬，曾刻入《稗海》第四卷中，文有顛錯，他卷亦有脱文。余從知不足齋借得舊人鈔本參校，乃始完善。其言字書無「䙐」字，又韻中不載「尖」字，蓋「䙐」古但作「退」，「尖」古但作櫼也。然《廣韻》自有「尖」字，光叔未細檢耳。又言「饅頭」當用「糫」字，見束晳《餅賦》。今攷束賦中，自作「曼」字，即字書中，亦不見有「糫」字也。又言正月因避始皇諱，故讀爲「征」，此則未然。如《尚書》音「常」，「星宿」音「秀」，自是當時所呼如是，豈亦有諱耶？且「政」本字尚不改音，而獨改正月一音，不可通矣。書中「使君」作「史君」，此本可通用，見于碑刻，非誤也。即李發先跋此書，稱「雲臺史君」者，乃光叔之父，非謂史姓其人。書中有「以啓干闕」語，「干闕」猶求官也，商本乃改「干闕」作「千册」。古書之流傳者，往往爲不學之人所竄改，其可笑多類此。如不見舊本，又烏從而盡正之耶？因有刻本，而遂廢鈔本，此大不可。乾隆己亥十一月三日，東里盧文弨坐西軒書。

⊙謝采伯撰

密齋筆記

李偉國 整理

點校説明

《密齋筆記》五卷，續記一卷，謝采伯撰。采伯字元若，號密齋，台州臨海（今浙江臨海）人。宰相謝深甫之子，嘉泰二年（一二〇二）進士。嘉定中通判嚴州，歷知廣德軍、湖州，監六部門，大理寺丞，大理正，寶慶元年（一二二五）知嚴州，紹定中知徽州，提舉福建市舶。累遷度支郎中，除軍器監。《宋史》無傳。史稱謝后父渠伯早卒，兄奕宗封郡王，姪並節度使，端平初頗干國政。采伯以世家貴介，歇歷中外，當謝后用事之時，獨能解組逍遥，至使史官佚其姓氏，則蕭然於榮利之外，一無所預可知。《全宋文》小傳標其生於一一七九年，據本書卷五：「端平元年九月中，余奉京祠，方抵舍，發熱不止，面浮目腫，不能食。一醫者曰：『非服附不效。』左右駭笑，醫曰：『行年六十三，不服附耶？』」端平元年爲一二三四年，上推六十三年，應生於一一七二年。據其《自序》，《密齋筆記》之撰寫始於端平元年，而其《自序》撰於淳祐元年，即一二四一年，此時其書應已大體完成。至於其卒年，其子跋中有「先公没六年」之語，末署「寶祐丙辰」，即寶祐四年，一二五六年，上推六年，應爲一二五一年。

此書乃其退休東歸後撰録以示其子者。雜論經史、文藝，其《自序》以爲「無牴牾於聖人」。《四庫全書總目提要》云：「其間援據史傳，頗足以考鏡得失。雜録前賢懿言孅行，亦多寓懲勸。

雖持論間有未醇，其援引證據，亦未能如《容齋隨筆》、《夢溪筆談》之博洽，而語有本源，瑜多瑕少，要亦説部之善本也。」評價是公允的。

此書原本久佚，僅散見《永樂大典》中。四庫館臣輯出，依原跋仍分爲筆記五卷續記一卷，宋周密《志雅堂雜鈔》卷下載：「借到屠存博三書，一曰《密齋筆記》，謝采伯所著，三卷，有經解、史考、文藝之類，下卷有藥方、雜説，頗有見聞。美脩，其字也。」則宋末人所見本分爲三卷。

此書今有《四庫全書》本、《琳瑯秘室叢書》本等，這次整理，以《琳瑯秘室叢書》本爲底本，校以《四庫全書》本和其他相關文獻。底本原有校語，今擇其要者寫入校勘記中。另從《永樂大典》殘卷中輯出佚文兩條，附於卷後。

原序

寶祐乙卯，天台謝公鼓院來守臨川，宗旦實爲贊貳。一日，以《密齋筆記》授宗旦曰：「此吾先君子晚年之所著也。」宗旦受而讀之，驚喜歎賞，如遊寶山，如閱海市，瑰奇詭異之物，雜然前陳，駭目洞心，應接不暇。吁！是豈淺鮮者所能到哉！其殆貫穿百家，馳騖千載者歟！夫士非窮愁，莫能著書，一行作吏，此事遂廢，常情之通患也。矧耆耋高蹈，燕居引恬，未有肯措意於筆硯者。密齋以宰相子，敭歷中外，洊更麾節，晚境倦游，乃能逍遥里第，耽玩墳索，抽毫漬墨，述所得以自見於世。所謂富貴不能淫，年彌高而德彌劭者，密齋有焉。陸賈當功成名遂之餘，乞身歸田，擁車騎【一】，負寶劍，遨遊諸子間，釃酒擊鮮，以自娱樂，追思向來《新語》，殆如夢事。向子平隱居讀《易》，自男婚女嫁之後，斷絶家事，勿使相關，迺肆意於名山大川之觀，曩時韋編，不復過眼矣。王逸少《蘭亭》一序，似能言者，及其守早退之節，又不過企慕子平所爲，盡山水之遊，求藥石，植桑果，抱子弄孫以卒歲，於著書乎何有？以密齋視三子，富貴年齒，度越遠甚，謂宜屏卻簡編，燕酣登眺可也，而密齋之所樂爲，有三子之所不克爲者。由是言之，士大夫晚節嗜好，有不迷其初者，鮮矣！觀密齋《自序》，謂以此書傳示子孫，使知其老不廢學。噫！此

校勘記

【一】擁車騎　「車」，原誤作「卓」，據文淵閣《四庫全書》本（以下簡稱庫本）改。

其詒謀微意，又可與俗人言哉！　越明年，鋟梓郡齋，輒爲題其後。　鼓院名奕楙，密齋先生次子也。　寶祐丙辰夏五中澣，通直郎、添差通判撫州軍州兼管内勸農營田事王宗旦謹書。

自序

余好漁獵書傳，時年六十有三，易班東歸，天賜一閒，無以解日，書生結習未除，亦自惝有聞見，豈應以鶡弁泯没？遂著於篇，以示兒輩。曰「或問」者，兒輩所質問也。經史、本朝文藝雜説，幾五萬餘言，固未足追媲古作，要之無牴牾於聖人，不猶愈於稗官小説、傳奇志怪之流乎！庶後之子孫，知余老不廢學云爾。淳祐元年辛丑長至，謝采伯元若甫引。

卷一

《易緯·稽覽圖》云：「伏羲至無懷氏五萬七千八百八十三年，神農五百四十年，黄帝一千五百二十年，少昊四百年，顓頊五百年，帝嚳三百五十年，堯一百年，舜五十年，禹四百三十年，殷六百四十四年，案：原本誤作「四百九十六年」。周八百七十三年，案：原本誤作「六十七年」。秦五十年。已上六萬三千一百八十六年【一】。」惟伏羲畫八卦，傳於後代，餘幾六萬餘年【二】，略無文字可攷，何耶？抑有而不傳也？班固曰：「唐、虞以前，雖有遺文，其語不經，故言黄帝、顓頊之事，未可明也。」又《乾鑿度》乃蒼頡註，《三墳》、《五典》、《八索》、《九丘》與《素問》等書，皆書也，非有而不傳者與？又曰：「春秋二百四十二年，戰國二百二十五年，秦四十年生漢高祖，三國五十六年，晉一百六十年，宋六十年，齊二十四年，梁八十七年，案：原本誤作「五十六年」。陳三十三年，隋三十八年生唐太宗，五代共五十餘年，生藝祖。」三大英主，撥亂反正，拯民塗炭。漢尚高厚，唐立法度，國祚悠久。本朝用儒，立國以仁，卜世卜年，永永無極。

漢興諸臣，雖非粹然一出於正，然皆能以功名自奮，垂芳汗青者，正以其一時言議，合於事情而本於理義也。沛公意欲留居秦宫中，樊噲諫曰：「此奢麗之物，皆秦所以亡。」

校勘記

【一】已上六萬三千一百八十六年　此下有原「續校」云：案此下應注云：「當作三百四十年。」蓋上文既將殷、周年數改正，則總計處亦與原本不合也。

【二】餘幾六萬餘年　「幾」，原作「既」，原「校譌」云：「餘既」，誤，本作「餘幾」，據改。

沛公不聽。張良又諫曰：「宜縞素爲資。」二臣之諫，周公之《無逸》也。韓信言項王爲匹夫之勇，婦人之仁，又言項羽實失天下之心，又言約法三章，秦民無不欲得大王王秦者。韓信能占民心爲趨向，是三代之得天下以仁也。項羽殺義帝，三老董公遮説漢王曰：「仁不以勇，義不以力。宜率三軍素服，以告諸侯而伐之。此三王之舉也。」董公之言，《春秋》討賊之義也。太公家令説太公曰：「天無二日，土無二王。皇帝雖子，人主也；太公雖父，人臣也。奈何令人主拜人臣？」後上朝，太公擁篲迎門卻行，是明於君臣之分也。人皆曰漢初諸臣，多麤暴兇詐之徒，借以集事。思之皆明於綱常，合於禮義，此理亘萬古未嘗一日泯滅也。

高祖好酒及色，范增又云：「貪財好色。」高祖興王，史臣安敢加毁？緣是難遮掩，未免直筆。今觀其一入秦宫，見帷帳狗馬重寶，婦女以千數，便欲留居，賴二臣之諫，回軍霸上。一入彭城，可謂重地，便收其貨寶美人，日寘酒高會，是時無諫者，遂一敗塗地。及得天下，又溺於戚姬，幾欲廢太子，微四皓，則又是一場狼狽。外物易移，内欲易動，幸迫於利害而止。我朝藝祖，真聖主也。

真宗嘗謂王旦曰：「每除拜宰相、親王，不御崇德殿，不視朝。」其意以命宰相、親王，示不敢專也。

崇寧五年敕節文：「小鈔，知、通監造書押，印造樣號，年限條禁，並依川錢法。軍人、官員請給不用外，買賣倉場，庫務出納，依見錢行用。三年爲界。」大觀二年第一料，其樣與今會子略同。上段印「準僞造鈔已成，流三千里；已行用者，處斬」。至庚寅九月，更不用。中段印畫泉山，下段平寫「一貫文省」，守倅姓押字【三】。此會子兆端也。紹興十二年，户部張澄欲行會子，給事中胡霈然沮之而止。紹興二十二年，竟行之。今九十餘年，其弊極矣。而大觀小鈔，民以爲便者，造之有限，而换之有信也。

高宗語東宫：「須是讀書，便知古今治亂，便不受人瞞。朕初即位，羣臣多勸法仁宗。仁宗固是仁厚，末年紀綱幾乎不振，所幸得韓琦，遂無事。本朝自有太祖，何故不取以爲法？」

聘后黄金二萬斤，新莽用三萬餘斤。《晉志》云：「漢用二百斤，晉亦用二百斤。」往往金至後世愈少，宋用銀五萬兩，金五千兩。南渡後，又減至銀二萬兩，金二千兩。

南齊正月上辛祠昊天，次辛祭后土，十一月元日祈穀於上帝。注云：「謂以上辛郊祭天地。」《郊特牲》云：「郊之用辛也，周之始郊日以至。」注云：「陽氣新用事，而用辛日。」此説非也。用辛日者，凡爲人君者，當齋戒自新也。

神宗朝，冬至當十一月晦，有言晦不可郊，而無人知此故事。惟宋敏求云：「太祖乾德初郊，亦是十一月晦日。」遂用當月十六日甲子郊。《國朝會要》不載此事，乃宋次道家收得朝報。神宗大嘉之。龔養正所撰載之甚詳。慶元丙辰宏詞，出《乾德初郊慶成頌》，

【三】守倅姓押字　「字」，原作「子」，據庫本改。

試者非特不知晦日本末【四】，有一卷乃云：「祖宗並侑。」又云：「歸胙慈極。」不知乾德時既未有家廟，杜太后已上僊，亦未嘗有「慈極」。

近年郊祀，只用黄琮、蒼璧，卻不見用四圭。有人問禮官，云：「四圭、兩圭，已於景靈宫用了；黄琮、蒼璧，乃是禮見天地。」

宰執子授京秩，始於吕蒙正。時政記進御，始於李昉。班直八年叙補軍校，始於高瓊。起居注進御，始於梁周翰。帶職致仕，始於王文正公旦。糊名考校，始於周起建議。

宣和時，彗星竟天，徽宗震怒，謂趙挺之曰：「蔡京所爲，皆如卿言。」京免相，挺之復爲右僕射。始，京在崇寧初，首興邊事，用兵連年不息。一日，徽宗諭輔臣曰：「朝廷不可與邊庭生隙，釁端一開，日尋干戈，生民肝腦塗地，豈人君愛民之意！」挺之退，語同列曰：「主上志在愛民息兵，吾輩義當將順。」時執政皆京黨，但唯唯而已。

「以准、皆各、其及、即若」，王元澤以此八字該括法律。

天聖四年，州軍並不得官置醋坊。近陳提舉振孫，博通古今【五】，仰體祖宗卹民之意，舉行萬户，停廢醋庫，邦人至今德之。

《東京記》：「舊八作司，太平興國二年分東西二司，乃泥作、赤白作、桐油作、石作、甎作、瓦作、竹作、井作，以上名八作。後兼備攻城之事，乃二十一作。天聖元年置官屬。今八作司獨傳伎巧之物，若致遠務、裁造院、茶湯磨院、鍼線院、布庫、鑄場務、煎膠務、擊

【四】試者非特不知晦日本末　「末」，原作「宋」，據庫本改。

【五】博通古今　「今」，原作「人」，據庫本改。

鞠院、雲韶班院、印經院、燒朱所、新衣庫、菜庫，纖悉畢備。及前宰執侍從大第環拱，蓋以百數。」錢塘駐蹕，庶事草創，追想全盛，太息久之。

都麴院麴賣於酒户，西京、南京皆然。東京在城每歲四十七萬四千六百四十五貫，南京在城賣麴三萬六百九十貫二百一十七文，五十里外務場别有數。台州在城及諸邑縣諸路橋港頭酒額，每歲八萬一千二百九十八貫。《泊宅編》云：「院之井滓穢不堪汲用，惟以造麴特善，他井皆不如。」開寶二年，詔麴價高，可於十分中減放二分，六年，減價每斤止收一百文足陌。太平興國六年，詔在京賣麴，每斤元定二百文，自今每斤減五十文。淳化五年，有司言諸道州府先置榷酤，募民掌其事，内四百七十處歲額無幾，願一切罷之，但賣麴收直。詔從其請。景德元年，罷江淮、兩浙、荆湖制置榷酤。

澶淵之役，射殺其貴將達覽，遂潰。曹利用與其飛龍使韓杞見行在議盟，真宗謂輔臣曰：「初欲令石普、楊延邀其歸路【六】，而以精兵踵其後，腹背擊之。然兵連禍結，何時而已？故徇其請，以休息天下之民。若彼自渝盟，以順伐逆，殆未晚也。」當人主英斷，事力全盛，人材輻湊，可以戰而不戰，果享百餘年和好之利。兵端果可輕開耶？

范蜀公《正書》云：「舜之五刑者，流也，宫也【七】，教也，贖也，賊也。流宥五刑者，舜制五流以宥三苗之劓、刖、宫、大辟也【八】。《書》曰『苗民弗用靈，制以刑，惟作五虐之刑曰法』者，此也。堯所以哀矜庶獄之不辜，遏絶之，使無世在下也。舜其仍用之乎？仍

【六】初欲令石普楊延邀其歸路　「楊延」應指「楊延朗」，宋李燾《續資治通鑑長編》卷五八真宗景德元年十二月乙未有「上謂輔臣曰：『昨儻徇羣議發大軍，會石普、楊延朗所部屯緣河諸州，邀其歸路……』」云云。

【七】宫也　「宫」，原「續校」云：「『宫』當作『官』」。

【八】舜制五流以宥三苗之劓刖宫大辟也　原「校謁」云：按「劓」上當有「墨」字，「刖」當作「剕」。補「墨」字有理，謂「刖當作剕」，「剕」似當作「剕」。

用之，則是踵苗之五虐而遂有十刑，安得云明於五刑以弼五教？堯嘗清問下民，廢去此法矣，至禹時德既下衰，方用此肉刑。揚子云：『夏后肉辟三千，不膠者卓矣。』然禹亦未必用，只是用之以爲贖刑。《吕刑》所謂『訓夏贖刑』也。直至秦時方用，如黥太子傅之類是也。至漢文帝又不用。至宋文帝，因劫賊有赦，方於劫賊面上刺一『劫賊』字。至五代後周，刺配之法盛矣。大率流始於堯、舜，墨始於苗，贖始於禹。先皇考與范寺簿説羅大著點囚輪對劄子，乞減配法，乃是近日配人之多。張方平亦有劄子，羅乃繳帖在前，上付來棘寺，諸公議論，將茶鹽犯法之人删改太輕，户部沮而不行。」

《金匱》曰：「武王伐紂，雪丈餘。」漢宣帝本始元年，匈奴擊烏孫欲還，會天大雪，一日丈餘，民畜凍死，殺數萬級，馬數萬匹。唐李愬因天大雪，疾馳百二十里到蔡，破其門，平蔡。吐蕃諾邏兵入大斗，會天大雪，吐蕃皸凍，趨西道以歸。王君㚟率秦州都督張景順，約乘冰縱兵，盡俘以旋。白元光合回紇兵於靈臺，雪雰嚴晦，吐蕃閉營撤備，乃縱擊之，斬首五萬級，生擒萬人，收所俘唐户五千。嘉熙丁酉十二月，大雪中大敗金人，捷旗報積屍如山，豈非雪霜肅殺之氣，助順討逆致然？

張匯《節要》云：「二太子窩里孛之妻余輦公主，乃遼主天祚之女。黏罕之妻蕭氏，乃遼主天祚之元妃。各因間勸其南寇，陰報朝廷助兵攻遼之隙。」又秦檜上斡離不黏罕書曰：「竊觀大金今日計議之士【九】，多前日大遼亡國之臣，畫籌定計，非忠於大金也，假

【九】竊觀大金今日計議之士　「計」，原作「討」，據庫本改。

威大金以報其怨爾。大遼妃女陰報於内，大遼之臣若余覩、郭藥師輩贊謀於外，乃吾國厄會所致。」

余嘗觀《靖康傳信録》，以及《孤臣泣血録》諸書，臣子有不忍言。後達勒達圍閉燕京，金主珣遣人議和，達勒達欲得公主一名，從公主美女男子各百人及護駕將軍十人，細軍一千人，御馬三千匹，綾羅繡衣服、金銀珠寶三千載，珣皆從之。又以色默圍燕之久，再索犒軍金帛，珣復從之。其事與靖康略無少異，此貪婪大果報也。黏罕克河東，斡離不引大兵自涿州入安肅，陷開封府，至順州，凡一百八十餘州，八百七十五縣，蹂踐殘滅，何可勝紀！而自元祐元年十一月至二年正月【一〇】，殘破河東、河北、山東、山西復一十七府、九十餘州，鎮縣二十餘處，數千里間，殺戮皆盡，城郭丘墟，金帛子女，牛羊馬畜，皆席卷而去，屋宇悉皆燒燬。此殺戮大果報也。小既有小果報，大豈無大果報耶？《南遷録》以爲不及百年，臣子大書於册，以爲古今一大快，亦以志後日一場大果報必不輕矣。

鄭介夫俠聞子姪用王氏學講《考槃》之義曰：「弗諼者，弗忘君之惡；弗過者，弗過君之朝；弗告者，弗告君以善。」公歎曰：「是何言歟？一不用而忿戾若此，何以爲碩人？何以爲考槃？」遂訓之曰：「弗諼者，弗忘君也；弗過者，弗以君爲過也；弗告者，弗以告他人也。」介夫上《監門圖》，已感動上意，見於施行。及流落挫折之餘，一話一言，未嘗不在君父，君臣之倫盡矣。横渠張子厚著《西銘》有曰：「不弛勞而底豫，舜其功

【一〇】而自元祐元年十一月至二年正月　「元祐」誤，此所叙乃金末之事。原「續校」云：「『元祐』當作『貞祐』」。金宣宗珣貞祐元年，在宋爲寧宗嘉定六年。

也。無所逃而待烹，申生其恭也。」是皆聖賢能處人倫之變，父子之倫明矣。劉庭式娶瞽女，後倅密州，喪之逾年，而哀不衰。東坡問曰：「哀生於愛，愛生於色。今君愛何從生？哀何從出乎？」庭式曰：「吾知喪吾妻而已。吾若緣色而生愛，緣愛而生哀，色衰愛弛，吾哀亦忘。則凡揚袂倚市，目挑而心招者，皆吾妻也。」夫婦之倫得矣。司業趙彦昭《兄弟訓》，引姜肱、李充、陳業、徐苗、許荆、李鴻、二孔、兩趙、陰慶、卜式、桑虞、蔡邕以爲勸，反覆千餘言，兄弟之倫著矣。二程之諸及門，若游酢、謝良佐、吕大臨、楊時，東坡之門若黄庭堅、秦觀、張耒、晁補之，儒學文藝，俱有切磋琢磨之益。交朋之風，不其盛歟！此我朝之治，所以遠過漢、唐也。

《江州家記》，其略曰：「開寶乙亥歲，問罪於李煜曰：『朕司億兆，許卿不殺，而弗信乎？』煜弗之悟，繇是流矢蝟集其宫，擒煜於纛下。江州蟻聚，詬罵王師，先鋒曹翰竟屠其城，横屍三萬七千餘。明年丁丑，皇帝嗣位，太平興國之二載，太子中允臣周敬術銜命察俗，又獲遺骸一萬七千，窆於廣陽門外。」本朝以仁立國，未嘗妄殺，獨曹翰一軍，輕試其鋒。曹彬有賢嗣而翰無後，天道昭然矣。

《湘山録》載昝居潤、董思誨、黨進三人皆不識字。本傳但書其戰功多，不責以文學，史法當然如晦，野史所以備言之。國初人物，洪毅沈鷙爲有餘，浮華緣飾爲不足，便立得功業，與中葉人物不同。

張子韶在經筵，太上語以「朕用人盡付之公道」，子韶奏云：「陛下付之公道，只得古人一半。」太上問其故，曰：「孟子曰：『左右皆曰賢，未可也；諸大夫皆曰賢，未可也；國人皆曰賢，然後察之，見賢焉然後用之。』必須又斷之，斯可也。」太上又云：「臺諫不可承宰相風旨。」子韶奏云：「以臣觀之，非特不可承宰相風旨，亦不可承人主風旨。」

杜黄裳爲河中尹，盧坦爲尉，召坦曰：「某家子與惡人游，破産，盍察之？」坦曰：「凡居官廉，雖大臣無厚蓄，其能積財者，必剥下以致之。如子孫善守，是天富不道之家。不若恣其不道，以歸於人。」黄裳驚其言，自是禮遇加厚。張于湖孝祥、何侍郎異、余提刑澄，並大書刻之石。黄裳除吏不甚别流品，通饋謝無潔白名，又納高崇文錢四萬五千緡。卒後，御史劾奏，子載辭服。坦乃得持其短，不然，一尉之微，安敢抗對如此？《李翱集》坦傳亦載其事。

本朝惟文潞公建雙節，終亦辤了帖麻不行。韓忠武建鎮南、武安、寧國三節，出於異數。

紹興九年朝陵，乃范如圭之請。高宗云：「非卿不聞此言。」其《夬田》一書，真有志事功之士，惜不見於用。《國史·秦檜傳》云：「校書郎范如圭上檜書，責以『曲學倍師，忘讐辱國』之罪，且曰：『公不喪心病狂，奈何一旦爲此？若不早改圖，必且遺臭萬世。』未幾，如圭奉祠。」《中興小録》遺其書。范乃元祐故家也。

景祐四年，安平縣主言夫吳守正父元，隨范喜居漣水軍，欲聽喜添錢開酤海州沭陽縣周穰村酒務。詔開封府召喜及寫狀人、本宮管當人勘罪施行。又張乖厓判百姓《乞增撲酒課利狀》云：「將五分折變於官錢，是一倍增擡於酒利，加水減料，使百姓有言，置我何地？」是時朝廷州郡，皆不許人剗奪，令但給與高價，蓋不復爲後人慮也。

常州通判沈長卿上參政李光啓曰：「搢紳守和親，先出婁敬之下策；空言難信結，孰慮吐蕃之劫盟？」夷攷贊普兵敗，獻馬、黃金求婚。景龍二年還其婚，帝以雍王守禮女爲金城公主妻之。開元二年，其相上書宰相乞盟，上令姚崇報書，載辭未及定，而十萬之師已寇臨洮，入蘭渭。永泰請和，詔宰相杜鴻漸等同盟，而僕固懷恩不得志，導其將犯邊，衆二十萬已逼奉天。懷恩死，遂無謀主，復遣使來聘。詔宰相與吐蕃使者盟，俄寇靈州。蓋不止劫渾瑊平涼盟，變起倉卒而已。終唐之世，凡九和而十四戰。皇甫惟明曰：「皆其邊將好功之人爲之。」固有是說，亦其主不守信義所致。尚主者二，自稱甥舅之國，而數爲邊患。人主撫有四海，以婉冶之姿，遠適異地，垢辱甚矣，君臣莫之恥也。五代以來，幸免此患。嚴尤以漢爲無長策，長卿可謂正論。權姦文致其罪，株連正人。嘻，其甚矣！

王欽若欲爲相，王文正公旦累抑之，云：「祖宗朝不曾用南人當國。」故欽若以「立賢無方」之説，動真廟之聽。真廟以問文正，文正云：「立賢無方，必須賢而後可。」熙寧以後，更改祖宗法度，而羣小又主紹述之説，以三年無改於父之道合爲一談，稔成靖康之禍。

孔、孟之言，豈誤天下後世邪？　王文正公云「必須賢而後可」，王欽若果賢者邪？　無改於父之道，謂合乎道者無改，不合乎道者，改之可也。　朱文公註曰：「方猶類也，惟賢則立之於位，不問其類也。」

李迪挫丁謂姦邪之鋒於正熾之時，王曾乘丁謂之失而能暴其彌天之罪。　進君子，退小人，此秉鈞衡者第一義。　王文正旦遂無如之何，文正得君如此，不能以身爲去就，去王欽若、丁謂，況他相哉！　馮拯爲之營救，惠姦莫甚焉。　挺按：「惠」字疑有訛。

仁宗朝，王安石知制誥。　賞花釣魚，内侍各以金楪盛釣餌，置几上。　安石食之盡。　明日，帝謂輔臣曰：「王安石，詐人也。」老蘇云：「王安石乃盧杞、王衍合爲一人，天下將被其禍。」後安石參政，御史中丞吕晦叔云：「安石外示樸野，中藏巧詐，驕蹇慢上，陰賊害物。　大姦得路，羣陰彙進，則賢者漸去，亂由是生。　誤天下蒼生者，必斯人矣。」安石嘗奏言：「中書處分劄子，皆稱聖旨，不中理者十有八九。　宜只令中書自出牒。」帝愕然。　唐介曰：「如安石所陳，則是政不自天子出。」李師中始仕州縣，邸報包拯三事，師中曰：「包公何能爲？　今鄞縣王安石眼多白，甚似王處仲。　他日亂天下，必此人也。」陳了翁每謂：「天下事變故無常，唯稽考往事，則有以知其故而應變。　王氏之學，乃欲廢絶史學，而咀嚼虚無之言，其事與晉無異，必亂天下。」《彈蔡京文》曰：「絶滅史學，一似王衍；重南輕北，分裂有萌。」逮今三十餘年【一二】，而所言無不驗者。　人固未易知，亦豈有終不

【一二】逮今三十餘年　「三十」疑誤，自北宋末至南宋後期本書作者著此書時，應有一百三十餘年。

可知者！安石，聖君知其詐，羣賢知其奸，或遏於已用，或爭於已行，非無其人。而治亂所由分，定數有不可逃爾。

新刊《荆公字説》二十四卷，前無序引，後無題跋，獨雷抗爲之注，天下公論，昭然明矣。余乃平心定氣而言曰：「此許慎《説文解字》也，雷抗即徐鍇之《傳釋》也。但以之解『六經』，導後學，則穿鑿之論蠭起，豈大儒所爲也？」

王安石廢了銅禁，不知在何時。張樂全《奏議》云：「自王安石爲政，始罷銅禁。姦民日銷錢爲器，邊關海舶，不復譏錢之出入。故中國錢耗，而西南北三邊皆山積。請詰問安石，舉累朝之令典所以體國便民者，一旦削而除之，其意安在？」

王安石以「六經」文奸，似王莽；蔡京黨籍錮正人，似東漢中常侍；秦檜興大獄，陷忠良，似李林甫。本朝累聖相承，仁厚恭儉，過漢之文、景。此三小人，傷政害國，言路榛棘，外敵侵陵，可爲痛哭。

通州使君徐先生云：「當時闢新法者甚衆，然都攻他不破，惜乎諸公思慮不及。此成周之法，大處是井田封建，荆公大底不曾行得，卻如何要把細碎處來行。失了大綱目，理會末節。只就他裏面點檢，其説當自息。」

秦檜修禮樂，文太平，止專用一宦者邵諤主之，人呼爲「邵局」。今渾儀、樂器中，猶鑄邵姓名。禮樂之器，間有不合經典處，是欠名儒討論。

京師失守，自耿南仲主和；　靖康播遷，自何㮚主和；　維揚失守，自汪伯彦、黄潛善主和；　金人之變，自秦檜主和。　議者乃曰：「外雖和，内不忘戰。」此又其向來權臣誤國之言也。一溺於和，將士解體，尚能戰乎？　此胡澹庵之論。　若然，則景德、慶曆之和，致一百七十餘年承平之效，非歟？　寇萊公、富鄭公輩果誤國者歟？　余曰：「和在我則爲禦侮，在人則爲納侮。」紹興八年，金遣烏凌思謀來議和，豪長達賚主之。　上雖聽檜計與之和，實疑其詐。　王倫奏北有悔割地意，繼誅達賚。　十年，兀朮集兵祁州，分四道入侵。檜言於上曰：「臣昨見金國達賚有講和割地之議，故贊陛下取疆。　既而兀朮戕其叔達賚，和議已變，故贊陛下定弔伐之計。」金之初和也，諸將有異議。　及其果叛盟，益以和爲非。　檜有再和之議，獨患諸將難制。　於是范同獻策，召三大將，既至，遂皆拜樞筦，而罷其兵。　三十一年，金人復敗盟侵淮。　此紹興和議始末。　至隆興甲申和議定，而開禧丙寅復自渝盟矣。

《中興小録》云：龜年論右僕射秦檜云：「主和則沮止國家恢復遠圖，且植黨日衆，專國自恣，漸不可長。」檜即上章辭位，旋奉祠。　其子衡守嚴州日，録其父彈秦檜文投平津，止及其彈秦檜婦翁王次山、姻婭王昂及楊愿兄梓等，不言其主和，何也？　必是别有一疏不主和議，其子失記録，而彈王仲等事，《小録》又失於記録爾。

卷二

武帝欲立昭帝，以子幼，恐效吕氏，殺鉤弋夫人，云：「汝以子不得活矣。」太宗感李淳風之言，欲盡殺後宫，淳風曰：「不可，恐生少者，陛下子孫無遺類。」遂髡爲尼，聚之感業寺。二君割情絶愛，思患預防，可謂剛明果斷之主。然漢以元后稔王莽之變，唐以高宗釀則天之禍，孰謂人事果能勝天？聖人第言修德以弭天變，未聞殺人以杜後患。

漢武帝祠神君，最貴曰太一，非可得見，聞其言與人音等。時去時來，居室帷中，所言世俗之所知，無殊絶者。而天子心獨喜，即今之鳴童也。

後漢止三宗，九帝皆幼沖，一百十八年，政歸母后，幸竇、鄧之賢，内外扶持，無大變故。士大夫知禮義，尚名節，未嘗屈身阿附后族，乞憐中常侍，以求進者。有李固、李膺、范滂、陳蕃、郭泰諸名儒爲之倡，故至於曹操之世尚不敢染指漢鼎。

蕭何説漢王曰：「臣願大王王關中，養其民以致賢人，收用巴蜀，還三秦【一】，天下可圖也。」鄧禹説光武曰：「於今之計，莫如延攬英雄，務説民心，立高祖之業，救萬民之命，以公而慮，天下不足定也。」蕭何、鄧禹，開口議論，便是混一規模。諸葛亮草廬語曰：「操以擁百萬之衆，挾天子而令諸矦，此誠不可與爭鋒；孫權有江東，已歷三世，國險而

【一】還三秦 「續校」云：「還」下當有「定」字，是。

民附，賢爲之用，此可與爲援，而不可圖也。」開口議論，吴、魏便自下手不得，畢竟跨有荆、益，只是偏霸規模，無復混一氣象。

漢唐之禍，激於君子，成於小人。成於小人，固勢所必至；激於君子，實念慮有所不及。《春秋》之法，責備賢者，可恨也。夫陳蕃年八十餘，老成慮事非不詳，而誅曹節不克，遂成黨錮之禍，漢因以亡。李訓通經明《易》，立志非不正，而誅仇士良不克，遂成甘露之禍，唐自此亦亡。人皆知亡漢、唐者由宦官，吾以爲亡漢、唐者，蕃與訓也。蕃、訓之謀不萌，宦者雖用事，干紊朝綱，然變決不如是之亟，禍決不如是之酷，國決未至於遽亡。則爲禍首者，蕃與訓也。然則宦者終不可去歟？曰芟夷以漸，區處有術。害去而人不知，功成而禍不作，謀必謹於其始，事必稽其所終，則得矣。夫子曰：「人而不仁，疾之已甚，亂也。」聖人豈不疾惡，而戒其已甚者，慮後患餘禍之未艾也。夫子嘗誅少正卯矣，而未聞其爲亂者，聖人之功用與君子固不同也。

程泰之《考古編》言「太宗虬鬚可挂弓」，杜詩謂「中有美少年，虬鬚十八九。秦王時在坐，真氣驚户牖」，是虬鬚乃太宗。《太平廣記》所載，乃李靖遇虬鬚客云：「後十餘年，數千里外有異事【二】，是吾得事之秋【三】。」貞觀中，靖位至僕射，東南蠻夷報，有海賊以千艘精甲十萬人，入扶餘國，殺其主自立，國内已定，虬鬚有成功矣【四】。或曰，《衛公兵法》，半是虬鬚所傳。乃知又別是一虬鬚。豈英氣所鍾適同耶？

【二】數千里外有異事　「里」，原作「異」，「梳謅」云：「異外」當作「里外」，據改。

【三】是吾得事之秋　「續校」云：「事」當作「志」。《廣記》所引本唐張説《虬髯客傳》作「志」。

【四】虬鬚有成功矣　「補校」云：此句首當有「靖心知」三字，見張説《虬髯客傳》，不宜删。

隋大業中，置進士科。武后永昌元年，始試進士於洛城殿，殿試自此始。久視二年，設武舉。皆作法於亂世，非哲王之令典。而自唐以來，沿襲不廢，士以爲榮，初不知煬帝、武后爲何如主也。

武后已爲后，高宗令上官儀草詔欲廢之。楊貴妃亦兩爲明皇遣出外宅。二君亦不爲不知其非，而不能決於必行。所謂惡惡而不能去，善善而不能用，邦由以亡。

《幸蜀記》云：馬嵬之變，陳玄禮以兵諫，可謂急矣。明皇云：「妃子朕自處置。」遂馳入驛門内，立旁小巷，不忍歸。聖情昏默，久而不進。韋見素男京兆府司録鍔進曰：「臣欲吐萬死之言，陳社稷之計，伏願陛下留意少聽。臣聞螫手斷腕者非不痛，嬰病餌藥者非不苦。夫痛之與苦，非人所欲，而莫能不爲者，蓋全乎大體也。今宗社震駭，朝野驚惶，陛下去御座，涉草莽，可謂螫手、嬰病矣，豈可懼解腕、苦口之難乎？臣觀衆意怒妃子，事宜成敗之間在晷刻矣！臣嘗讀荀悦《漢紀》有曰：『以計勝色者昌，以色勝計者亡。』今日之事，伏惟陛下割恩斷忍，以寧邦國。」因就地叩頭，流血被面。上親以手策起之。鍔初請幸蜀，云：「臣年三十，未嘗遠遊。」時鍔以宰相子，年纔三十，激烈慷慨如此，天寶全盛時，東閣郎君，乃有此人物耶！

男，陽也。陽則明，明則理無不通。陽主舒主嘘，舒且嘘則財有所施。陽主生，生則物無往而不愛。男子者，皆陽之象也。女，陰也。陰則晦，晦則理有所蔽。陰主慘主吸，慘且吸則財有所斬。陰主殺，殺則物無往而能愛。婦人者，皆陰之象也。《前漢·外戚傳》迺在《匈奴傳》後，夫妃后儷乎至尊，合聯比帝紀，乃置之《匈奴傳》後，班固以爲平日後宫之費，不下一敵國，而吕太后、趙飛燕等，内戕皇嗣，外擅兵權，漢之存亡，在其掌握，甚於匈奴，雖謂之女戎可也，置之於《匈奴傳》後亦可也。其負宗社，誤國家，附之於帝紀之後，不可也。其《叙傳》曰：「桀之放也，用妹喜。殷之滅也，嬖妲己。幽王之禽也，淫褒姒。是三代之亡也，由於内不由於外也。」明皇失國，由一楊妃，亦三代之覆轍。是百萬之師，不若一女子，足以亡人之國也。餘史《外戚》未嘗在《匈奴傳》後，此班史所以爲諸史冠也。

唐莊宗時，皇太后、皇后交通藩鎮。太后曰「誥令」【五】，皇后曰「教命」、「教旨」，蓋始於此。后欲殺郭崇韜，莊宗不從，因自作教命與繼岌，竟殺之。后即笞劉叟於宫門者，劉叟蓋其父也。

莊宗爲郭門高所弒，五坊人聚樂器而焚之。歐陽公云：「君以此始，必以此終。莊宗好伶而弒於門高，焚以樂器，可不戒哉！」余曰：「非也，其禍蓋起於劉后之擅殺郭崇韜也。始，劉后聽宦者讒言【六】，遣繼岌殺郭崇韜。皇弟存義，崇韜之壻。讒者曰：『存義且反，爲婦翁報仇。』乃因而殺之。又讒朱友謙不自安，必反。於是及其將五六人皆族滅之。門高姓郭，拜崇韜爲叔父，而存義又以門高爲養子。時馬直軍王温宿衛禁中，夜謀

【五】太后曰誥令　「曰」，原作「而」，「續校」云：「而」字誤，原作「曰」。

【六】劉后聽宦者讒言　「讒」，原作「纔」，據「續校」改。

亂被誅，莊宗戲門高曰：『汝黨存義、崇韜負我，又教王温反覆，欲何爲乎？』門高恐，退而激軍士爲變，從樓上射莊宗，傷重踣於絳霄殿下。其禍起於劉后之擅殺崇韜，特成於門高爾。門高，《優伶傳》名從謙。」

姚萇掘苻堅屍，鞭撻無數，裸剥衣裳，薦之以棘，坎土而埋之。姚萇又夢苻堅將鬼兵入營，萇懼，走入宫，宫人迎萇刺鬼，誤中萇陰，出血石餘。萇遂患陰瘇，醫刺出血如夢，竟狂言而死。姚萇已鞭堅屍，尚能見夢邪？

慕容廆引朱左車、胡母翼、孔纂爲賓友，劉贊儒學該通，引爲東庠祭酒，世子皝率國胄束脩受業焉【七】。廆覽政之暇，親臨聽之。廆嘗著《家令》數千言，年六十五，在位四十九年。皝，第三子也【八】，聽言賞諫，雅好文籍，勤於講授，學徒千餘人，又著《典教》十五篇，以教胄子。至子儁嗣位，復立小學於顯賢里，以教胄子。儁酒酣賦詩，談及經史。垂，皝第五子也，再復燕國，年七十一。寶，皝之孫，亦從儒學，工談論，善屬文，引中書令常忠、尚書陽鏐等，於東堂問伊、周事，談讌賦詩，文物藹然。十六國中，惟慕容有家法，國祚受命亦稍延。姚襄温故知新，講論道藝，萇令留臺諸鎮各置學官，又臨終謂其子興曰：「汝撫骨肉以仁，接大臣以禮，待物以信，遇黔首以恩。」興亦講論經籍，不以兵難廢業，又與鳩摩羅什及僧略等諸人，校新經八百餘卷，州郡化之，事佛者十室而九。若劉淵、聰、粲、曜、石勒、虎、閔、苻生、赫連勃勃等，其兇徒逆儔，淫酷屠戮，無復人理，禍亦不旋踵矣。

【七】世子皝率國胄束脩受業焉　「焉」，原作「馬」，「校譌」云：「馬」字誤，本作「焉」，據改。

【八】皝第三子也　「續校」云：「皝」下當有「廆」字。

襄國大雨雹，石勒問徐光，對曰：「去年禁寒食，介推帝鄉之神，怨，憾動上帝。」勒下書曰：「寒食并州之舊風，子推歷代攸尊，請復寒食，更爲植嘉樹，立祠堂。」黄門郎韋謏駁曰：「自子推已前，雹者復何所致？此自陰陽乖錯。且子推賢者，曷爲暴害如此？求之冥漠，必不然矣。《左傳》、《史記》、《新序》、《汝南先賢傳》、《鄴中記》、《後漢·周舉傳》皆言之。舉爲并州刺史，作弔書，置子推廟，言『盛冬去火，殘損民命，非賢者之意』。寒食乃是仲冬，非今之清明。」石勒問徐光事，《容齋》不載。

石虎獲劉曜女，年十二，有殊色，嬖之，生子世。十歲立爲皇太子，劉氏爲皇后。虎死，遵弑世，火災月餘。後爲慕容恪所擒，趙亡。苻堅滅燕，慕容沖姊爲清河公主，年十四，有殊色，堅納之，寵冠後庭。沖年十二，亦有龍陽之姿，又幸之。姊弟專寵，宫人莫進。果符「一雌復一雄，雙飛入紫宫」之謡。壽春之敗，沖叛，自立爲皇帝，據長安。堅死，秦亡。石虎擒曜，苻堅滅燕，皆有席卷天下之勢，而卒皆因所滅之國一小女子，其國亦亡，異哉。

楚鄭褏紿新人以掩鼻，而楚王劓其鼻。魏王與龍陽君共船而釣，龍陽君得十餘魚而涕下，王問之，曰：「美人多矣，亦猶臣前所得魚也，臣亦將棄矣。」王布令曰：「四境之内，有敢言美人者族。」婦人智術，高出男子之右，雖自古而然。亦成周時，八百餘年之後，矦國子弟，昏懦愚闇，容易爲婦人所紿。

三世之將，道家所忌，昔有是言。《六韜》爲後世談兵之祖，而太公封於齊，與周匹休，至田氏之篡，其傳亦已久。太公之謀，一出於正爾。

陳勝、吴廣起壠畝，便會使錢。知秦將賈人之子，即啖以利。陳平布陣，金多得善處，又令捐金四萬斤，間疏楚君臣。干戈中也只揮金。

漢高祖已曾入韓信壁，奪其軍。自垓下戰勝還定陶，又馳入韓信壁，奪其軍。文帝自代來，夜拜宋昌爲衛將軍，領南北軍，張武爲郎中令，行殿中。還坐前殿下，亦綽有父風。是時習聞兵機將略，大率可喜。

赤壁之戰，孫權曰：「非劉豫州，莫可當操者。」是時孫權運籌於内，劉備、諸葛亮、周瑜、關侯等合謀并智，方拒得曹操，敗之於赤壁，亦未爲奇。政緣曹操雖知兵，而未免獨任。要是吴事力差弱，所以資人；劉豫州新敗，所以依人。若吴、蜀勢盛之後，卻無緣合。

赤壁之戰，關侯精兵一萬，周瑜督一萬，程普督一萬，劉豫州、諸葛亮率兵卒不下一萬。

或詢諸葛孔明以三章之約，則曰：「濟時以寬。」蓋其學自申、韓中來。

哥舒翰始亦善用兵，後困於酒色之娱，迫於君命，慟哭而出潼關，喪師二十萬，僅存八千。其子曜有志復父讐，亦精於用兵。諸孫皆以儒學奮，峘茂才高第，有節槩，崿、嵫、屺皆明經擢第，亦中葉尚儒術致然。李、郭之後，文風盛而賢將少，唐室微矣。

軍中不言婦女，婦人在軍中，兵氣恐不揚。孫策、周瑜拔皖城，納二喬，皆國色，是以師婚也。英鋭豪俊之氣，固足辦事，畢竟有所溺，則智昏，智昏則防慮疏。策爲許貢客箭傷頰，創甚，年二十六卒。瑜爲流矢中右脅，年三十六卒。

吕蒙疾發，孫權迎置内殿，治護萬方，募有能愈疾者賜千金。病中瘳，爲下赦令。後更增焉，權自臨視，命道士於星辰之下爲請命。使其復生，當如何其報也！

房玄齡居秦王府，出入十年，收人物致幕府。居宰相積十五年，議論書疏，規諫不一，與杜如晦共筦朝政。本傳亦無甚事。而當世語良相，必曰「房、杜」，以今觀之，王珪不及魏徵，如晦不及玄齡，然持衆美效之於君則一也，所以爲宰相之職。

魏徵爲諫議大夫，展盡底藴，凡二百奏，無不切當帝心。本傳所載十餘事，凡三上疏。王珪爲諫議大夫，止諫納廬江王瑗姬、太常少卿祖孝孫教女樂二事。想推誠納善，每存規益，史臣所以並稱名臣也。

孫樵文自序云：「唐廣明元年，狂寇犯闕，駕避岐陽。省方蜀國，品藻朝論，旌其才行。詔曰：『行在三絶，李潼有曾、閔之行，孫樵有揚、馬之文，司空圖有巢、由之風。』余歎曰：播遷果何時耶？從行無救時之略，乃以三絶自詫。朝論若此，豈止清談廢事！」李、郭之後，不復有真將，兵權下移於岐、汴，而國亡矣。

《廉吏傳》極多上壽，公孫宏八十，第五倫八十，餘李恂九十六，吴祐九十八，張奐七十八，是儀三國人。八十一，孫謙南史。九十二，蕭倣唐。八十，裴寬七十五，李尚隱七十五，薛珏七十四，歸崇敬八十八，盧鈞八十五。餘不紀卒葬，無考。

古儒生經學極多上壽者。如伏生治《尚書》，轅固治《詩》，武帝以賢良召伏恭，建武四年，帝臨雍拜爲司空，皆年九十。任安受《孟氏易》，年七十九，申公受《詩》浮丘伯，樓望永平爲侍中，皆年八十。李尤順帝時遷安樂相，年八十三。晉宋纖，弟子受業三千人，鮑靚明《河圖》、《洛書》，年百餘歲。文立、譙周，泰始初皆年八十【九】。陶弘景讀書萬餘卷，何琦耽玩典籍，皆年八十三。葛洪以儒學知名，自號抱朴子，年八十一。顔含有操行，年九十三。辛勉年八十。隋公孫景茂好學，開皇初爲道、淄兩州刺史，有德政，唐曹憲通《文選》之學，皆年百餘歲。歐陽詢年八十五。張嗣宗以經授秦王，年八十三。蕭德言晚節學愈苦，年九十七。魏收擅史學，年七十七。若七十者，亦多有之，兹弗著。

屈突通七十二，尉遲恭七十四，李勣八十六，李靖七十九，郭子儀八十五，張萬福九十，烏承玼九十六，吴吕岱九十六。諸將功業雖不同，然皆克享上壽，想無濫殺所致。

武后興大獄，嚴善思爲詳審使，平活人百餘家，原千餘姓，按因司刑寺，罷疑不實者百人。子向，乾元中爲鳳翔尹，三世皆年八十五。

丘和附蕭銑爲交州總管，年八十六，子行恭，斬寇賊，與兄師利迎謁秦王，累從戰伐，

【九】泰始初皆年八十　「泰」，原作「秦」，「續校」云：「秦」當作「泰」，泰始，晉武帝年號。

功多，年八十。亂世父子以壽終，亦有材智足以自全也。

諸儒西漢自孔光、張禹、劉歆、揚雄，號爲儒者，或依阿取容，或諂事新室，遂至言符命者以千數。朱文公作《通鑑綱目》，標揚雄曰「莽大夫揚雄」，自是千古定論。

荀彧勸太祖曰：「奉主上以從民望，大順也；秉至公以報雄傑，大畧也。」或持論甚正【一〇】。董昭等欲加九錫，彧以太祖本興義兵，正朝寧國，不宜如此。太祖由是心不能平。彧以憂死。是時劉備以帝室之胄，英雄表表，人望所歸。彧能勸太祖推恩以應人望，廢昏立明，恪秉臣節，退處藩服，真上策也。董昭九錫，遂爲後日開端，相繼貽禍。

董卓死於吕布，苻生死於堅，安禄山死於李豬兒，史思明死於朝義，魚朝恩死於周皓，朱全忠死於友珪。非人誅之，乃天誅也。

殷羨子浩北伐無功，桓温奏廢爲庶人。後温將以爲尚書令，浩答温書，慮有謬誤，閉開數十，竟達空函，大忤温意，由是遂絶。豈羨投人書於水，致浩有是報耶？

西方鄴所爲不法，判官譚善達數諫，鄴怒，遣人告善達受金，下獄。善達素剛，辭益不遜，死於獄。鄴病，見善達爲祟卒。人之生死，一氣之聚散也，血氣雖已散，寃恨之氣不散也。五代武夫用世，將謂那時天烏地黑、劫嘯時節，不復有報應，卻又自分曉。

【一〇】或持論甚正　「或」，疑當作「彧」。

卷三

太公曰：「富之而觀其無犯，貴之而觀其無驕，付之而觀其無轉，使之而觀其無隱，危之而觀其無恐，事之而觀其無窮。」太公又曰：「一曰問之以言以觀其辭，二曰窮之以辭以觀其變，三曰與之以間諜以觀其誠，四曰明白顯問以觀其德，五曰使之以財以觀其廉，六曰試之以色以觀其正，七曰告之以難以觀其勇，八曰醉之以酒以觀其態。八徵備，則不肖別矣。」《周書》云：「成王訪周公以民事，周公陳六事以觀察之，作《官人》曰：『富貴者觀其禮施，貧賤者觀其德守，嬖寵者觀其不驕奢，隱約者觀其不懾懼，少者觀其恭敬好學而能弟，壯者觀其潔廉務行而勝私【一】，老者觀其意慮慎强，其所不足而不踰。父子之間，觀其孝慈；兄弟之間，觀其和友；君臣之間，觀其忠惠；鄉黨之間，觀其誠信【二】。省其居處，觀其義方；省其喪哀，觀其真良【三】；省其出入，觀其交友；省其□□【四】，觀其任廉。設之謀以觀其智，示之難以觀其勇，煩之事以觀其治，臨之利以觀其不貪，濫之樂以觀其不荒。喜之以觀其輕，怒之以觀其重，醉之酒以觀其恭，縱之色以觀其常。遠之以觀其不狎【五】，邇之以觀其不倦【六】，復徵其言以觀其精曲，省其行以觀其備。』」《莊子·列禦寇》篇引孔子曰：「凡人心險於山川，難於知天。故君子遠使之而

校勘記

【一】壯者觀其潔廉務行而勝私　「校謁」云：「潔廉」，按《逸周書》、《大戴禮》並作「廉潔」。

【二】觀其誠信　「校謁」云：「誠信」，《逸周書》作「信誠」，《大戴禮》「誠」作「憚」。

【三】觀其真良　「校謁」云：「真」，《逸周書》、《大戴禮》作「貞」。

【四】省其□□　「校謁」云：「□□」，《逸周書》作「交友」。「續校」云：按「觀其交友」句與通節文義不協，疑涉下「交友」而誤。

【五】遠之以觀其不狎　「校謁」云：「狎」，《逸周書》作「二」，《大戴禮》作「貳」。

【六】邇之以觀其不倦　「校謁」云：「邇」，《逸周書》作「昵」。「倦」，《逸周書》作「狎」，《戴記》仍作「倦」。

觀其忠，近使之而觀其敬，煩使之而觀其能，卒然問焉而觀其智，急與之期而觀其信，委之以財而觀其仁，告之以危而觀其節，醉之以酒而觀其則，雜之以處而觀其色。九徵至，不肖之人得矣。」此太公、周公、孔子觀人之法，最爲詳密。蒙莊澹然若無意於世者，亦誦斯言，乃知蒙莊一書不皆寓言也。

莊子曰：「聖人不死，大盜不止。爲之斗斛以量之，則并與斗斛而竊之；爲之權衡以稱之，則并與權衡而竊之；爲之符璽以信之，則并與符璽而竊之；爲之仁義以矯之，則并與仁義而竊之。」鄧析子曰：「原道語皆本此。」

諸孫當聯「在」字爲名，余取「在」字，自長孫在學外，止有在德、在鎔、在甄、在治甚佳。閲《王佩解篇》，「在」字甚多，儘可命名，因録識之：「王者所佩在德，德在利民，民在順上，合爲在因時」，「謀成在周長，有功在力多，昌大在自克」，「不困在豫慎」，「除害在能斷，得民在知過【七】，用兵在知時，勝大患在合人心」，「化行在知和，施舍在平心，不幸在不聞其過，福在受諫，基在愛民，固在親賢，禍福在所密，利害在所近，存亡在所用，離合在出命，尊在慎威，安在恭己」。

老子曰：「禍兮福所倚，福兮禍所伏。」《鶡冠子》與賈誼《鵩賦》同，作賦者必蹈襲。而柳河東云：「《鶡冠子》用《鵩賦》。」未知孰是。韓退之卻取其文。

郄儉、梁鵠各受豐爵不次之除，鵠得法於師宜官，皆號善書者也。魏、晉以來，楷書日

【七】得民在知過　「校譌」云：「得民」，《逸周書》作「安民」。

盛，皆鴻都門學之餘，習正書遂爲後世不刊之灋，與李斯之篆，程邈之隸同科。

梁武教諸王書，令殷鐵石於大王書中，撮一千字不重者，每字一片紙，雜碎無序，召周興嗣謂曰：「卿有才思，爲我韵之。」興嗣編次之，一夕而成，鬢髮皆白。

《西都賦》云：「清涼宣温。」乃四室名，宣義當作暄煖之暄。故《集韵》中以宣字見二十元字韵下，注云：「天子室名也。」高炳如説宣室如字讀，乃武王伐紂而歸於此室。

梁昭明序《陶集》云：「白璧微瑕，惟在《閒情》一賦。」至傳方發明其意，以爲曾祖晉世宰輔，恥復屈身後代，自宋高祖王業漸隆，不復肯仕，故寄迹於酒。《閒情賦》末章云：「坦萬慮以存誠，憩遥情於八遐。」可謂發乎情性，止乎禮義，復何議焉！　余每誦其「總角聞道，白首無成。　先師遺訓，予豈墜之」等語，頗有洙泗氣象。

范雲爲齊竟陵王府主簿，王守會稽，登秦望山。雲以爲山上秦始皇石刻文，三句一韵，人多作二句讀之，便不叶韵。雲嘗讀《史記》，誦之如流。《中興頌》亦三句一韵同。

齊名之人與警策詩句，其實有優劣。「天生奇材」、「天然奇句」皆無對。如鍾、王，羲、獻，歐、虞，李、杜，韓、柳，顔、柳，優劣自顯然。故梁武帝、蕭子雲評書皆云：「子敬不及逸少，逸少不及元常。」杜詩、韓筆、顔書，規摹大，氣韵高古，餘則失於華巧有餘。如「池塘生春草，園柳變鳴禽」「紅藥當階翻，蒼苔緣砌上」「天際識歸舟，雲中辨煙樹」之類，則第二句便不及。「竹送清溪月，苔移玉座春」之類，上一句便不及，當以是推之。

蘇潁濱言：「春秋時，先王之澤未遠，士君子重義理，持節操，其處死生之際。卓然凜然，非後世之士所及，蓋三代之遺民也。」當時達者，語三代遺事甚多。今舍是無以考證，吕東萊推廣此意，考究左氏著書源流本於此。又曰：「《初學記》言前代人物醇疵，自不逃正論。但本朝儒先文獻相接，未易以愛惜口舌輕議，呵祖罵佛，豈名教事，要是文人相輕，自古而然爾。」

子華子：「今世之人，其平居把握附耳，呫呫相爲，然約而自保，曾膠漆之不如也。及勢利之一接，未有毫髮之差，蹴然而變乎色，又從而隨之兵。甚矣，心術之善移也！」韓文用其意：「今夫平居里巷相慕悅，至一旦臨小利害，僅如毛髮，反目若不相識，落穽不一引手救，反擠之又下石焉者，皆是也。」

張説燕公文，屬思精壯，長於碑誌，詩得江山助，釋學亦詣理超絶。本朝蘇、黄出入釋老，唐人諸集蓋鮮兼之。燕公船臨行陳，制敵克勝，本朝諸文儒又鮮兼之矣。

《龜策傳》曰：「神能見夢於元王，而不能自出於漁者之籠；身能十言盡當，而不能通使於河，還報於江；賢能令人戰勝攻取，不能自解於刀鋒，免剥刺之患；聖能先知亟見，而不能令衛平無言。」莊子稱「仲尼曰」，語意同。蘇文云：「公之精神，能開衡山之雲，而不能回憲宗之惑；能馴鱷魚之暴，而不能弭皇甫鎛、李逢吉之謗；能信於南海之民廟食百世，而不能使其身一日安於朝廷之上。」句法同。

「杯盤狼藉」出《滑稽傳》，「正襟危坐」出《日者傳》，「舉網得魚」出《龜策傳》，只改龜字。

余與客論文曰：「今人文不及古人藻繪處。」客問曰：「如何是藻繪處？」答曰：「古人文純是骨而後藻生焉，今人文尚無骨，安敢望其藻繪處？」客又問曰：「如何是骨？」答曰：「立意是也。字古不如語古，語古不如意古。」史月湖自言其作文法傳於曇橘州。果齋先生云：「作詩寫字，都先要有骨，則其進未易量。」

郄昂《岐邠涇寧八坊馬記》，爲李祐作，云開元初二十四萬匹，至十九年四十四萬匹。與張燕公爲王毛仲作《隴右監碑》畧同。然燕公記其政有八，而郄昂止述馬名，燕公文尤奇麗，以隴右監石刻並觀，優劣可見。

或曰：「西漢之末，王褒文類俳。」今觀鄒枚文已近此體。大率古賦之流，如荀子諸賦，豈非先秦古書？但自王褒以後至晉、唐，文多類俳，皆源流古賦亦如今時，有一項古文，又有一項四六。

《神女賦》云：「願假須臾，神女稱遽。闇然而冥，不知其處。」若韓文云「行李稱遽」，坡賦云「開户視之，不見其處」，是四句之内，兩鉅公皆用「其」字，韓隱坡顯，優劣自分。

《食貨志》云：「珠玉金銀，飢不可食，寒不可衣。」後漢劉陶《鑄大錢議》亦然。《喜雨亭記》即是用此語，但結尾活潑潑地，把捉不得，爲不可及。時東坡年二十三。

醉鄉王績字無功《祭禹文》云：「潦水降而寒潭清，山光沈而白雲晚。」王勃云：「潦水淨而寒潭清【八】，煙光凝而暮山紫。」《歸田録》載《德州長壽寺舍利碑》云：「浮雲共嶺松張蓋【九】，明月與巖桂分叢。」亦與「落霞與孤鶩齊飛，秋水共長天一色」同。

權德輿文，史臣贊云：「雅正贍縟。」余以富貴人爲文詞，自然温潤，歐陽公其儔也。

劉歆云：「孔子没而微言絶，七十子終而大義乖。」《風俗通義》應劭序云：「仲尼没而微言闕，七十子喪而大義乖。」唐明皇《孝經序》同。

杜子美《説旱上嚴武》，尤爲偉論。孟郊《上盧使君養生書》，李義山作《李賀小傳》，白樂天墓碑《劉義傳》，文體奇逸，不應止取其詩。

應劭曰：「昔客爲齊王畫者，王問：『畫孰最難，孰最易？』曰：『犬馬最難，鬼魅最易。犬馬旦暮在人目前，不類不可，類之故難；鬼魅無形者不見，不見故易。』」東坡《淨因院畫記》「常形常理」用此意。

節孝先生曰：「文字要多作，多作方思熟。余無日不爲文，無時不吟哦。」歐陽公謂：「爲文有三多，看多，做多，商量多。」蘇文定公云：「前輩文但看做多。」

劉禹錫《自傳》敘王叔文事云：「某官職出於叔文，又復坐累。」不以爲諱。

杜牧之自撰《墓誌銘》，言「注《孫子》，推五星，説相法」，文學之士，多能如此。甥裴

【八】潦水淨而寒潭清　「續校」云：「淨」當作「盡」，謂秋末無雨潦也。

【九】浮雲共嶺松張蓋　「張」，原作「長」，「續校」云：「長」當作「張」。今按歐陽修《集古録》卷五作「張」。

延翰爲《集序》，文似李翺。唐之文風，大振於貞元、元和之時，韓、柳倡其端，劉、白繼其軌，當時學者涵泳，攬其英華，洗濯磨淬，輝光日新，苟有作者，皆足以拔於流俗，自成一家之語，延翰是已。牛僧孺鎮維揚，牧之爲書記，召爲侍御史，僧孺以小篋邏卒報狀示之，感泣大慙。後爲公《墓誌》，極稱其美，報所知也。牧之名聞一時，累中科目，意氣揚揚。入一寺，有僧靜坐者，見之不顧。旁人爲言：「此先輩近日甚有名譽。」僧亦不答。牧之茫然自失【一〇】。以是知外名利者之高如此。彼方以趨名利者爲可鄙，宜其視之邈如也。

了翁弱冠苦羸疾，因過汴河上，遇道人云：「他日聲名滿天下。」又謂公曰：「曾讀《左氏》否？《左氏》諸大戰，反覆熟讀，有快意處，便是得藥。」公如其言誦之，旬日間，氣體頓壯。讀檄愈頭風，誦詩已痁疾，亦自古有之。

朱文公爲南豐作年譜，云：「自孟、韓子以來，作者之盛，未有至於斯。何世之知公淺也！」至《語録》云：「坡、谷只是飲酒賦詩快活。」後學未喻其去取之由，會當有解其意者。

李賀云：「天若有情天亦老。」少游詞：「天還知道，和天也瘦。」朱文公以爲褻瀆天帝，乃是過用長吉語。

李方叔《贈汝州太守》詩云：「安得吾皇四百州，皆如此邦二千石。」

王梅谿《西施舌》詩云：「吴王無處可招魂，惟有西施舌尚存。曾共君王醉長夜，至

【一〇】牧之茫然自失　「補校」云：案寺僧不識杜牧之，亦見《蓮堂詩話》卷下。牧之有詩記其事，可參看。

今猶得奉芳尊。」有戒淫殺答云：「便可入清源《續詩話》。」

熊克進《九朝要畧》，轉一官，李龜朋以詩賀之云：「翰苑前資漢碩儒，苦心何翅十年餘。修成當代將來法，讀盡生平未見書。黄帊奏篇登御府，紫綸加秩下宸除。近臣已是聞天語，鸞鵲催歸定不虚。」

李士美拜相，雙親無恙，《生日》詩云：「府前拍拍鶴翎開，府裹紛紛賀客來。尚書左丞生是日，温詔欲輓陽春回。下堂拜賜上堂去，堂上雙親相顧語。願身親見兒長年，萬歲千秋佐明主。」生封父敷文閣待制。

楊元素、張子野、陳令舉至吴興，東坡目爲「三面胡琴」。又州妓有姓周、邵者，呼爲「二南」，子野賦《六客》詞。後子野、令舉、孝叔皆已物故，惟東坡、元素公在爾。元素詩寄東坡云：「仙舟游漾霅溪風，三奏琵琶一艦紅。聞望喜傳新政異，夢魂猶憶舊歡同。二南籍裹知誰在，六客堂中已半空。細問人間爲宰相，爭如願住水晶宫。」

陳公輔詩：「白髮髯鬠未得閒，有時覽鏡笑衰顔。逢人載酒寧辭醉，寓意題詩不用删。幸有鑑湖堪寄傲，直慚書殿尚通班。豁除簿領塵埃了，卻上蓬萊看好山。」《州宅》詩：「萬疊湖山煙水濱，朱門畫戟間松筠。登臨不踏紅塵路，燕寢長居紫府春。晝靜欲驂風外駕，夜寒疑是月中身。我慙白首方懷紱，猶得蓬萊作主人。」又《蓬萊閣醉歸》【一一】：「蓬萊閣上醉歸時【一二】，猶索芳樽步步隨。啼鳥似來留翠佩，旁人笑爲整花

【一一】蓬萊閣醉歸　「醉歸」，原作「歸醉」。「補校」云：「歸醉」誤，原作「醉歸」，據改。

【一二】蓬萊閣上醉歸時　「萊」，原作「莱」，「續校」云：「莱」字誤，原作「萊」，據改。

枝。腰間半嚲黄金印，頭上斜欹白接羅。拍手向他賓從道，使君未老莫扶持。」《菊譜》，范石湖略，胡少瀹詳。遼相李儼作《黄菊賦》，獻其主耶律弘基，弘基作詩題其後以賜之，云：「昨日得卿《黄菊賦》，碎翦金英填作句。袖中猶覺有餘香，冷落西風吹不去。」少瀹作御製，誤。

張都監琳好作詞，時芍藥盛放，余戲令賦之，云「持節助調羹」，同寮皆笑其誤用梅事，余曰：「韓詩云：『五鼎調芍藥。』」張亦舉王維詩「芍藥調金鼎」。《子虛賦》曰：「芍藥之和具而後御之。」《南都賦》曰：「歸鴈鳴鷄，香稻鮮魚，以爲芍藥。」師古曰：「芍藥，其根主和五臟，又辟毒，故合之於蘭桂五味，以助諸食也。」乞改辟。

劉方叔作《致語》云：「東坡道人筆下無一點塵氣，小范老子胸中有十萬兵機。」「騎驢三十載，久旅食于京華。廣廈千萬間，願大庇于寒士。倘容尸禄，免令自楚而之滕；庶便奉親，何異以柳而易播【一三】。」

楊囦《四六餘話》：「國初處州赴解試止六人，取三人，士子謝解啓云：『類矍圃之觀人，去者半，留者半；如孔門之取友，益者三，損者三。』」

秦檜子及第，當時暗號有「賦無天地，詩有龍蛇」。後汪彦章賀啓有「氣塞兩儀」及「東閣郎君」之句以譏之。

「一男子之上書，初亦何罪？諸大夫之曰殺，蓋亦無心。」時斬陳東，上時宰啟。

【一三】何異以柳而易播　「柳」，原作「抑」，「校譌」云：「抑」當作「柳」，據改。

江朝宗《與李宰啓》：「月明苑外之村，犬厖不吠；風煖桑間之瑞，雉乳自馴。」

周洪道作守，《謝監司啓》：「居閒從仕，一生長恨於苦心；多病非才，二事恐煩於并案。」東坡詩云：「多病更非才，二事可并案。」

范文正微時，冒姓朱氏，後《歸本宗啓》：「志在逃秦，入境遂稱夫張禄；名非霸越，乘舟偶效夫陶朱。」用范睢、范蠡，是當家本事。

孝宗即位之九年，再上太上尊號，宣鄭聞與周必大草詔云：「未央上號，符漢皇之九年；興慶推尊，邁唐宗之再請。」太上册夏后時，洪内翰草詔云：「太姒之事太任，長秋之奉長樂。」

劉錡贈官之制：「岑彭亡而公孫平，諸葛死而仲達走。自古皆有死，嗟汝志之未伸；與賊不俱生，尚孤忠之可亮。」

「高城纔百餘里，此去何難哉！寒食止數日間，少住爲佳耳。決獄幾何，錢穀出入幾何，請問其略。會計而已，牛羊茁壯而已，願效其能【一四】。」

王季海《代蕭特啓答泉守》：「魯柝聞邾，雖限封疆之遠；楚波及晉，宜修幣帛之恭。」

「王陽爲孝子，王尊爲忠臣，仰一時之高節；伊尹格皇天，伊陟格上帝，掩異姓之殊勳。」「織文鳥章，白旆央央，山甫之北伐；衮衣繡裳，赤舄几几，周公之東歸【一五】。」

【一四】願效其能　按：此條應爲引文。條首失其出處。

【一五】周公之東歸　按：此條亦應爲引文。條首失其出處。

陳阜卿爲教官，《答職事啓》：「青衫試吏，患在好爲人師；絳帳横經，未必賢於弟子。」《賀陳殿院啓》：「坐崇薄俗，共仰伯夷之風；立辨寃民，屢浹真卿之雨。」

劉正甫行《韓郡王贈官詞》：「念一代所宗，無如老臣者；使九原可作，豈畏匈奴哉！」又行《南班詞》：「葛藟之在河滸，能芘其本根；杕杜之生道周，蓋傷於寡特。蓋王室之强大，必公旌之盛蕃【一六】。」又《進太上皇麻日表》云：「雖宸心之運，問朝野而不知；而聖政之垂，繫日月而可考。」

蕭振侍郎，秦檜當國日自四川謫他州，未幾秦死，再知四川，《誥詞》云：「刻印銷印如轉圜，朕常虚己；失馬得馬若反掌，卿勿容心。」趙莊叔行。

江朝宗《上留守湯相》：「關中復留蕭相國，人傑已能用之；江右自有管夷吾，國事不足憂矣。」「吾寧身蹈東海，獨仲連不欲帝秦；至今名重泰山，微相如何以强趙？」醒庵行胡邦衡詞。

蔣世修「脱身簿尉中，繫馬庭階下」，以其便做教官故也。又作《紹興蔣相致語》：「曲水流觴，將舉暮春之禊；西園傾蓋，好追清夜之遊。甫遂及瓜，敢云張京兆之五日；誓圖結草，忽忘蘇刺史之二天。」《賀湯丞相因進宗室譜圖并實録轉官》：「武之穆，文之昭，爛若馬圖之制；皇之墳，帝之典，迄于麟趾之年。謂老馬之智專，尚能識路；若野鳥之視眩，難使聞韶。闖門袞博，袖珠玉以見投；隱几侏僪，褚衣裳而倒著。」

【一六】必公旌之盛蕃　「校譌」云：「旌」當作「族」。

四六本只是便宣讀，要使如散文而有屬對，方善。歐、蘇只是一篇古文，至汪龍溪而少變。鄭侍郎望之云：「四六使重不如使輕，使實不如使虛。」樟溪老人李龜年，乃其姪壻，《上巳致語》云【一七】：「三月三日，水邊豈無麗人；一詠一觴，蘭亭自有故事。崇山峻嶺，脩竹茂林，羣賢畢集，良辰美景，賞心樂事，四者難并。」「女子近之則不遜，豈容鑽穴以相窺；老夫耄矣無能爲，是謂雖鄰而不覿。」廉宣仲嘲一老士大夫與娼鄰壁。

往時作四六者，多用古人語，及廣引故事，以衒博學，而不思述事不暢。近時文章變體，如蘇氏父子，以四六述叙，委曲精盡，不減古人。自學者變格爲文，迨今三十年，始得斯人。不惟遲久而後獲，實恐此後未有能繼者爾。自古異人間出，前後參差不相待，余老矣，乃及見之，豈不爲幸哉！

慶元二年丙辰，余丞相拜左相，權直院傅舍人伯壽草麻【一八】，首聯云：「天乙之興，中䖍實爲左相。」「中䖍」乃仲虺也。閤門舍人讀麻，既讀破句，又不識「䖍」字。當日察院入文字，罷讀麻舍人，得旨：「今後宣麻人與學士同鎖宿，點句與之，以便宣讀。」

吕惠卿遭責謝表云：「蟲臂鼠肝，悉冥心於造化。」東坡謂「福建子亦會做文字」。「蟲臂鼠肝」，蓋譏二蘇，見東坡論列子由行詞。

遂寧餹冰，正字劉望之賦以爲傘子山異僧所授，其法醡蔗成漿，貯以甕缶，列閒屋中，

【一七】上巳致語云　「續校」云：案：此以《上巳致語》爲李龜年。考陳振孫《書録解題》載「京鏜帥蜀，上巳出遨，楊濟爲樂語」云云，一時傳誦，其詞與此條所記大同小異，不知果爲誰作。濟字道濟，唐安人，淳熙五年進士，有《鈍齋集》。

【一八】權直院傅舍人伯壽草麻　「傅」，原作「傳」，「傅伯壽」，人名，據改。

閲冬而後發之，成矣。其畧曰：「逮白露之既凝，室人告余其亦霜。獵珊瑚于海底，綴珠琲于枯篁。吸三危之秋氣，陋萬蘂之蜂房。碎玲瓏于齒牙，韵亢爽于壺觴。」米帖云：「治咽喉諸疾，廣南盛有，不知始於何時。」

李泰發《題嵊縣黄山庵》云：「十載清遊得重尋，風門小立契初心。上盤直與雲天近，下瞰不知巖壑深。浥露黄花平襯地，著霜紅葉巧依林。他年願結香燈社，竹杖芒鞵數共臨。」先皇考題云：「遼東鶴去幾千年，堂上留題有謫仙。十月山行風露冷，黄花紅葉兩依然。」右二詩得於剡川相士，黄山庵即其家墳，先皇考爲尉時曾游。

余主諸暨簿，大雄寺行香，見一小石刻中詩云：「琉璃葉下蒻梧桐，緑子青枝埽地空。俗眼如何有青白，好風安得問雌雄。物隨塵境工榮悴，人觸心兵戰異同。只可輕帆理歸興，暮雲蕭散大江東。」下題「奕載」，不知何人。時極暑，晝夜鼓風橐，老僕少獲更番不輟。余誦「好風安得問雌雄」【一九】，而不記第三聯，因閲舊篋得之，録以備忘。

【一九】好風安得問雌雄　「雌雄」，原作「雄雌」，據前文改。

卷四

《周禮》「雞人主旦呼【一】，」漢宮中不畜雞，衛士專傳雞鳴。應劭曰：「《楚歌》，今《雞鳴歌》也。」東坡云：「今土人謂之『山歌』。」

《家語》「以黍雪桃」。先公云：「中都貴人家，多以蒸餅并米糕雪桃。」予乃知「以黍雪桃」之義，蓋桃經水即酸，故用此。

《晉志》云：「地不足東南，天不足西北。八紘之外，名爲八極，八極之廣，東西二億三萬一千三百里，南北二億三萬一千三百里。自地至天，半八極之數，至下亦如之。昔黄帝令豎亥步自東極至於西極，五億十萬九千八百步。」不知如何稽攷，莫是用經界局步弓打量？

《古今注》：「匏，瓠也。《詩》曰：『酌之用匏。』《周禮》『陶匏祀天』。」又云：「朝踐用兩壺尊，故周有瓠壺形，長一尺二寸六分，徑一寸，兩鼻有提梁，取便於用。」余嘗見一瓠壺，形製甚古，豈果周器也？東坡曰：「舉匏尊以相屬。」

《古今注》云：「太公以玄鉞斬妲己，故婦人以爲戒。曹操納袁熙妻爲文帝婦，孔融與操書曰：『武王伐紂，以妲己賜周公。』操以融學士，謂書傳所紀。後見問之，對曰：

校勘記

【一】雞人主旦呼　「續校」云：「旦呼」，當作「呼旦」。

『以今度之，想當然耳。』融雖戲操，不爲無據。」

師之於門人則名之，於朋友則字之，稱於師雖朋友亦名之。子曰：「吾與回言。」又曰：「參乎，吾道一以貫之。」又曰：「若由也，不得其死然。」是師之名門人也。夫子於鄭兄事子産，於齊兄事晏嬰。曰：「子謂子産。」又曰：「晏平仲善與人交。」子夏曰：「言游過矣。」子張曰：「子夏云何？」曾子曰：「堂堂乎張也。」是朋友字而不名也。子貢曰：「賜也何敢望回？」又曰：「師與商也孰賢？」子游曰：「有澹臺滅明者。」是稱於師雖朋友亦名之也。《論語》書法之嚴，即《春秋》書法也。

孔子謂晏子「能折衝尊俎」，即孫子所謂「上兵伐謀，其次交兵，其下攻城」。世言善用兵者，暗合孫、吴，亦暗合孔子之言。可見凡事不離乎道也。郤穀爲《詩》、《書》之帥，豈嗜殺者耶？文中子曰：「折衝尊俎，不必臨邊。」亦孔子意也。

衛世子蒯聵簒輒而立，子路死之。孔子哭，進使者而問故，使者曰：「醢之矣。」遂命覆醢。乃知漢高祖誅彭越，醢其肉以賜諸侯，乃自《春秋》時已然。

《滕公佳城碑》云：「三千年見白日。」逆數上三千年，乃是少昊時節，那時淳古，不封不樹，安得已如此？可疑。

《管子·弟子職》曰：「凡置飲食，鳥獸魚鼈，必先菜羹。」注云：「先菜後肉，食之次也。弟子之奉師，以菜爲頭味。」此《論語》所以疏食與菜羹瓜並言。

「城門失火，殃及池魚。」古語有之，一見《風俗通》，一見《百家書》，曰：「宋城門失火，汲取池中水以沃之，魚悉露見，因就取之。」及《廣韵》注云：「司門者姓池名仲魚，因救城門火，焦爛而卒。」二説未知孰是。東魏杜弼移檄梁朝討納侯景曰：「景必據淮南稱帝，但恐城門失火，災及池魚。」嘉熙庚子，城中大火，余呼百餘人救護，靖越門一帶，拽拔三處屋，支犒六百千，及布施三寺。池魚之災甚矣。

《家語》後序：「孔子九代孫名最，字子産，從漢高祖，以左司馬將軍佐韓信，破楚於垓下，以功封蓼侯，年五十三而卒，謚夷侯。」孔子，軍旅之事未之學也，九世孫最，乃以武功顯。

汪端明應辰請聞人倅阜，民食牛百葉，聞人曰：「是何不典之物！」汪曰：「《周禮》注膞析，即牛百葉。」

秦《詛楚文》，一告巫咸大神，今在鳳翔府學，一告亞駞神，在洛陽劉忱家。其文皆聲楚王熊相之惡，著諸石章，以盟大神之威神。治平間，蔡挺又獲朝那湫底所刻，方匋跋已詳，即惠王二十六年，後并天下，二世而亡。佛經云：「呪咀諸毒藥【二】，所欲害身者，還著於本人。」東坡云：「呪咀諸毒藥，兩家各無事。」

祈雨，三代用巫覡，後世用僧道。唐僧不空、羅公遠、一行、無畏，祈雨法各不同。范石湖《吳船録》記蜀中祈雨尤不同，增堰壅水入支江，三四宿水即徧，謂之「攝水」，水皆如

【二】呪咀諸毒藥　「續校」云：「咀」似當作「詛」，下同。「含咀」之「咀」與「詛」別。

期而應。嘉州雷洞，初禱香幣，不應則投死彘及婦人敝履之類以棖觸之，雷風隨發。息壤遇旱，則郡守設祭掘之，掘至石樓之檐，則雨作矣。辛幼安云親驗，信然。

開元中，魏徵寢堂火災三日，詔百官赴弔。古禮亦自有人行者。

孔元用云：「葛王孫原王景即位之明年，賜錢十萬緡，盡撤去曲阜孔林宅廟，鼎新重蓋，極爲壯麗。自據中原後，一人世襲止文林郎，今加爲中憲大夫，六歲即差官教導。」

淵明家貧，缾無儲粟，告五子則曰：「汝等雖不同生，當思四海皆兄弟之義，況同父之人。韓元長身處卿佐，八十而終，兄弟同居，至於没齒。范子春七世同財【三】，家人無怨色。」不知淵明有何産業，慮五子爭分，想是怕他窮撕吵。或云：「亦薄有田園，但將蕪爾。」坐客大笑。

李、杜齊名者有三：東漢李固、杜喬，李膺、杜密；唐李白、杜子美也。若小杜亦有三：漢杜周子延年，亦習法律，故曰「小杜律」；唐杜審權與悰俱顯，故審權曰「小杜公」；杜牧之對「老杜」言，亦曰「小杜」。前輩已拈出，今書以示子。

柳仲塗之與范景，楊大年之與劉筠齊名，固未至於遼絶。而温仲舒之視寇準，丁謂之於孫何，君子小人之分，若薰蕕之不可共器，而當時齊名曰「温寇」，曰「丁孫」，殆是取其一時文名耳。

端拱二年，曾會由鄉貢首擢進士第二人，廷試日未昃，卷上奏御。時蜀人陳堯叟亦有

【三】范子春七世同財　「續校」云：「『范子春』當作『氾稚春』。稚春名毓濟，兆盧人也。見《晉書·儒林傳》。《淵明集》作『范稚春』，亦誤。《南史》作『氾幼春』，蓋避唐諱『治』字之嫌。又案上文韓元長名融，潁川舞陽人。見《後漢書·韓韶傳》。」

俊譽，上覽二人文相埒，敏亦如之，莫適高下，釋褐並授光禄寺丞、直史館，名雖甲乙，而實與等夷。會以親老願補郡，遷殿中丞，知宣州。進士起家之榮，古今鮮儷。子文靖公亮，孫樞密禮寬、參政從龍，亦其後也。

人知樂全之薦東坡，不知三蘇之始進，自雷簡夫之薦。文學如東坡，而潘中行爲臺官論列，謂不學無術，嘗販私鹽，卒以其言貶。

東坡知貢舉，李方叔被黜。其家老乳母大哭曰：「遇蘇内翰知舉不及第，尚奚望？」閉門而逝。後東坡舉白浮歐陽叔弼等曰：「君爲主司而失李方叔，兹可罰也。」時張文潛舍人在坐，舉白浮東坡曰：「先生昔爲知舉而遺之，其罰維均。」舉坐大笑，想老乳母亦吐氣泉下。

陳密學襄薦賢，一疏三十三人，自涑水至鄭俠皆知名當世。獨五人不甚顯，如虞太熙、劉載、薛昌朝、吴賁、吴恕，俟考。太熙等尺牘，見奕修所藏有之，必皆名士。

唐文若，子西先生之子，喪父後，年十三，不學。一日與羣兒蹴踘於市，院子見之而泣云：「小官人，今不讀書，後將如何？」文若感悟，歸謀於母曰：「院子爲吾言若此，今欲讀書，將自讀耶？將從學耶？」母遣從師，遂篤志向學，弱冠登科，後仕至中書舍人。

盧元傳初無甚可紀，史臣稱其「功緦之戚，服稱其容」。本朝吕與叔誌一婦人墓云：「每遇功緦之戚，輒茹素一月。」皆可以風厲薄俗。

崔元暉嬖妾，其子縱以母事之。妾剛酷，雖縱顯官，而數笞詬，縱率妻子候顏色承養不懈，史爲書之。

程尚書瑀解《論語》「弋不射宿」，言孔子不欲陰中人之意。至「周公謂魯公」四句，則曰：「可爲流涕。」洪慶善作序有云：「感發於孔子之一射，流涕於周公之四言。」魏按行作漕爲開板，初書出，秦檜亦自不知。忽有人譖謂是譏諷，魏隨追官，籍其家，程、洪皆得罪。

王逢原《蝗》詩，其畧曰：「始知在人不在天，譬如蚤蝨生裳衣。魚枯生蟲肉腐蠹，理有當然夫何疑？」又《長篇》云：「至和改元之一年，有蝗不知自何來。一蝗百兒月再孕，漸恐高厚塞九垓。」死時年纔二十三，早慧而夭。逢原見器於荆公，以夫人女弟妻之。

姜愚嘗師康節，好施，雪中念王陶，自荷一插剗雪地，行二十里訪之。陶母子凍坐，日高無炊煙。愚解所衣錦裘，質錢買酒肉薪炭，附火飲食，又損數百千爲之娶。及陶尹洛，愚老而喪明，自衛州往謁之，意陶必念舊哀己，陶對之邈然，但遺以尊酒而已。愚大失望，歸病死。余謂愚有救人之心，不當萌責報之心。陶嘗劾韓魏公不押常朝班，神宗薄其爲人，吕公著言其反覆不可近，要自不逃清議。姜愚雖一時失望，而不失美名。康節四十餘未娶，亦姜爲之娶王允修妹。

程仁霸攝録事，有盜蘆菔者，實竊，而所持刃誤中主人，尉幸賞，以刧聞。獄掾受賕，掠成之。盜稱寃。移獄，公直其事，而尉、掾爭不已，竟殺盜。及月餘，尉、掾皆暴卒。後三十餘年，公晝見盜拜庭下曰：「公壽盡，我爲公荷擔而往，暫對即生人天，子孫壽禄，朱紫滿門。」軾幼聞此言，已而外祖父壽九十，舅氏始貴顯，壽八十五，曾孫皆仕有聲，同時爲監司者三人。案以上東坡語也。《四朝國史·程之邵傳》云：「曾祖仁霸，治獄有陰德，仕至顯謨閣待制。子唐，仕至寶文閣學士。」是時東坡知其爲監司，未知其爲宣和間登從列。

蒲宗孟，閬州新井人，嘗日盥潔，有小洗面、大洗面，小濯足、大濯足，小澡浴、大澡浴，用八九人一浴，至湯三斛。他奉養率稱是。蜀人生時一浴，死後一浴，宗孟乃浴洗好潔如此，想不洗底直是不洗，洗底直是洗。《師友談記》載蘇叔黨云：「浴是間日，人以爲勞，公殊不憚。」

《劉氏家傳》云：劉爲東海望族，鄉人歌曰：「海州東海富劉家，朐山一族更奢華。牽牛厮兒著錦襖，牽車婢子帶金花。」有名之華者，兩請文解。紹興辛巳，魏公領兵收復海州，之華與父儼謀罄家財輸軍，借補將仕郎，兩上書，陳六事，皆恢復大計。孝宗韙之。特賜進士出身，再倅吴門而殁。葬蔡嶺庵，有詩刻石。

許同知爲宰時，以詞投稼軒，蒙賞音。即同出訪梅，夜歸過一人家，禮席華盛。客尚未集，兩人就坐索飲。主人奉之甚謹。許曰：「貴人入宅。」稼軒曰：「決無好事。」諺云：「破家縣令，滅門刺史。」其家乃邑胥之魁，未幾果及禍。

蘇紳嘗疏王德用：「宅枕乾岡，貌類藝祖。」出知隨州，孔道輔亦劾奏之。德用疏言：「宅枕乾岡，陛下所賜；貌類藝祖，父母所生。」又唐都城東西岡六，民間以爲乾數，而裴度第在平樂里，直第五岡，人以其第據岡原譖之。

廬江太守梁龕，明日當除婦服，今日請客奏伎。丞相長史周顗等三十餘人同會。劉隗奏曰：「嫡妻長子，皆杖居廬，龕暮宴朝祥，慢服之愆。宜肅喪紀之禮，請免龕官，削侯爵。顗等知龕有喪，吉會非禮，宜各奪俸一月，以肅其違。」從之。

施宜生北走降金，試《日射三十六熊賦》，擢高科，入翰林。庚辰年來本朝奉使，舊與張燾子公同舍，因問張子公云：「記得崇化堂前步月時否？」子公答以「翰林想未忘情本朝耶」。

建業謂之鄴，相州亦謂之鄴下。如魏文帝自鄴徙都洛陽，乃相州也。

唐都長安，始分山南諸道，乃是終南山之南。祝壽謂之「南山」，亦指終南山。東接驪山、太華，西連太白，至於隴山，北至長安城八十里南楚塞。西有石室靈芝，南有玉堂陽宮。崔咸游終南山，乘月吟嘯，至感慨淚下。

沈公雅度帥閩，蜀人師先生古上譙樓視三山，繞州治而下，盤薄於前。沈顧而歎曰：「壯哉！」師曰：「有富貴，無豪傑。」

泉南氣候，臘後元夕前亦薄寒，月餘將近驚蟄，便是單衣初試，盧橘紫茄紅葵，已如五月間。去家鄉二千五百餘里，寒燠便爾不同。

淮襄别無險阨，是真渙散易滅之地。

蜀郡西門可六七里，有杜工部草堂，潭以百花名，初未有花。乃唐冀國夫人在父母家時，有異僧墮污渠中，夫人爲浣衣，而百花浮水上。工部嘗賦「浣花流水」之句。夫人歸西川節度崔寧爲小婦，節度入奏，夫人能散財破賊人楊子琳，邦人德之，即所居祠夫人。後草堂與祠並稱。端平丙申遭亂，郡城焚蕩，此等遺迹，聞自無恙。

張定叟尚書云：「青城每郊，用十五萬緡縛幕屋，事已撤之，皆諸璫得之。嘗奏乞從本府出錢蓋屋，庶免逐郊費用。」或惜其議不行。余嘗記先皇考言，城外自來不曾蓋殿宇，宣和間方蓋了殿宇，遂爲黏罕駐兵之所。

杜康善造酒，江陰軍人，今杜橋即其廬。事具本縣《圖經》。

吐突承璀，閩人也。寧宗時，諸道歲進閹兒，號私白，閩嶺最多。

朱茶馬險，丙午入對云：「掘地得一銅弩機，塗金，上面皆有分寸。」次日製一小弩以進。乃知《書》中所謂「往省括於度至則釋」，别作一句，往，放也。放箭則必省於度之分寸【四】，以爲射之遠近，此三代弩制度。

石勒得一鼎，容四斗，中有大錢三十文。

【四】放箭則必省於度之分寸　「放」，原作「故」；「省」，原作「肯」。「校譌」云：「故」當作「放」，「肯」當作「省」，據改。

皇考權金部時，點左藏庫，梨園弟子玉帶十有二條，并關侯印，印上有環。

凡物之真者，即有一僞者，久之，知有僞而不復知有真矣。高麗席側可卷舒，價貴未易得，四明便造假高麗席。真水晶瑩澈可愛，上饒便造假水晶，色青。案此段《大典》本裂爲二則，今改正。

《嶺外代答》云：「崑崙曾期國海島有鵬飛蔽日，遇駱駝吞之，鵬翅管可截爲水桶。」《諸蕃志》云：「勿拔國大魚，長十丈，徑高二丈。木蘭皮國麥粒，長三寸，瓜圍六尺，榴重五斤，桃重五斤，香圓重二十餘斤，萵苣菜一莖重十餘斤，沙華公國蓮長尺餘，桃核長二尺。」北方人物果蓏長大，便自與江南不同，外國可想而知。莊生亦據齊諧志怪之説爾。雖云寓言，亦有所本。

對衣，謂上衣下裳一對也。裼襲，裼謂裼開，襲謂重合也。

郝象賢父處俊，天后素銜之，故因事誅象賢，臨刑極罵乃死。自是刑人必以木圓窒口。今用木桃始於此。

銀朱方用得二百餘年，古畫皆以朱色。别畫之久近，可以此辨。

梅類腦香清，茉莉類海南脱落沈香甘，杏花類篤耨香温，荷花類鑾沈香烈，素馨類麝香媚。諸花香天韻俱勝絶，諸香品卻有優劣。同此一英華之氣，散在草木禽獸者，豈亦各從其類邪？

予董四明舶務，見高麗國賜都綱張迪等批人參二斤，參字用艸頭，《韵略》無此字，有「蓡」字，云：「藥草，亦通作參。」《玉篇》「蓡」下有艸頭「蔘」字，注同上。今方書悉用「參」字，高麗用「蔘」字。

裝潢匠，「裝」乃裝背，「潢」則今所謂糨紙者。唐人進奏文字，多用潢紙寫，故韓退之集中有「用生紙寫」之語。諺有云「裝潢子」，亦不爲無據。

烏始生，母哺之六十日，稍長，子反哺如母哺之數。一名「哺烏公」。

卷五

水火，天地之妙用也，陰陽之變化也。故水火命見六秀，作用必大。東南方命而時日在西北者，性必擎斂謹畏，亦主壽。西北方命而時日在東南者，性必疏快，必發達。至於謹畏、壽考決是。不過五行貴有歸宿，歸宿得好，即貴而壽。

中道無往而不寓，故五行有天德貴人，皆是抑揚欲得其中。如正丁二甲，正，寅月也，寅火太過，而以丁爲德。二，卯月也，卯木太盛，而以申爲德。甲戊庚牛羊，甲戊庚皆金木土之陽干也，其氣太過，遂欲其藏於丑未之位。今舉其畧，餘可類推。即「沈潛剛克」「高明柔克」之義。若無氣之火，遇亥酉即爲息絶，愈無氣。如丙寅、戊戌、辛酉、戊子，張參政命，丙申、戊戌、辛酉、戊子，乃謝察推命，一第便不禄，但以意消息其盛衰，得中即爲貴命。過猶不及，災福生焉。

郭璞授《青囊中經》九卷於郭公，門人趙載竊觀，未及讀，爲火所焚。今世所傳者，決是贗本。《陰陽元經》乃趙載撰，不特弔宫作方，乃三命之祖。今人以三命生旺之説起於唐李虚中，非也。《龜策傳》有「高人禄命【一】，以悦人心」之説。又在漢初，其來久矣。景純年四十九，不免南岡之戮；管輅年四十八，不見女嫁男婚。二人材明先見如蓍龜，皆

校勘記

【一】龜策傳有高人禄命　「策」，原作「筴」。「校譌」云：「筴」字誤，本作「策」，據改。

不登中壽。

地理之説，與命相通。宗廟比三命，天星比五星，砂形比相法。宗廟、天星、砂形三者並合而無差，則萬不失一。

言子午針者，誣丙午之非；用丙午針者，排子午之失。針法乃五行之樞機，禍福之繩墨，既無定論，何以取準？余編十餘家之説，引援詳悉，不可盡舉。惟一家云：「曾游歷格古州縣鎮幾百處，皆用子午正針。」以是知子午針，正法也。中針，後人遷就之説也。此是有定位形象之物，必以子午卯酉奠四方，故子午卯酉，不易其金木水火之性。

《麻衣易》乃近時戴主簿作。

《道藏》至雜，多房中方術。余嘗燃香閲之，乃雀卵壯陽等方。張君房所編《雲笈七籤》三百餘卷，卻無此等方術。棲霞宫《道藏》靈感，香火翕習。桑都正云：「藏經不全，止有《雲笈七籤》一部。」余答云：「《七籤》卻自會靈，不必全也。」

《抱朴子》云：道士趙炳以氣禁人，人不能起；禁虎，虎伏地就縛；以盆盛水，魚龍立見；一尺針入柱，氣吹釘躍出。療疾以東流水爲酌，桑皮爲脯，但行禁呪，所療皆除。師事徐登，人爲立祠。至於永康俗呼曰「趙侯祠」，至今蚊蚋不能入。《抱朴子》與《後漢》所紀者如此，不知後千餘載，台民祠事如父母，福庇千里，靈響如一日。

《師友談記》云：徐禧自御史中丞以母喪還洪府，有媪以《三世禄命書》言人吉凶，禧俾占之。媪曰：「當兵死。」徐怒，媪以書示之，畫一僵尸，身首異處。徐欲坐以妖言，付有司，衆解得免。後禧將數萬人守永樂，夏兵圍之數重，軍大渴，開城飲濠，城破被害，正符媪説。

唐太宗幾爲竇建德游兵所擒，又幾爲單雄信槍所及，僅以身免。百戰冒矢石間，可謂危事，不死。後餌那羅爾娑婆寐藥，乃死。名醫不知所爲。杜伏威與陳稜戰，稜軍射中其額【二】，伏威曰：「不殺汝，矢不拔！」遂馳入稜陣，大呼衝擊，獲所射將，使拔箭，斬之，又殺數十人。後好神仙長年術，餌雲母被毒暴卒。李抱真名將，亦以服餌誤死。乃知藥誤殺又甚於鋒鏑。

曰精力，曰精神，曰精氣，曰精血，曰精明，曰精爽，曰精到，曰精詳，曰精妙，皆以「精」爲主，衞生者當謹之。苦海愛河，狂瀾弗返，其涸也，可立而待。《素問》曰：「法於陰陽，和於術數。」又曰：「凡陰陽之道，陽密乃固。」註曰：「陰陽交會之要者，正在於陰氣之不泄爾。」

端平元年九月中，余奉京祠，方抵舍，發熱不止，面浮目腫，不能食。一醫者曰：「非服附不效。」左右駭笑，醫曰：「行年六十三，不服附耶？」余曰：「此柴胡證也。」亟取人參和柴胡煎熱，俟呼醫者茅君仲一到，亦曰「當服柴胡」，余出煎熱者示之。三日疾退，目尚多澀，食已則困，不喜啖魚肉。時有饋梨者，乃取一顆啖之，覺意快，再啖一顆，醒然，晚

【二】稜軍射中其額　「軍」，原作「單」，「校譌」云：「單」當作「軍」，據改。

食後亦如之。凡啖梨百五十餘顆，熱證悉平。《本草》載張杲醫説十便方煮梨湯，皆云「去熱」，不可以爲果子藥忽之。

諸香藥皆達氣【三】，藿香達表，乳麝木香走經絡，沈香趨下。皆香氣芳烈，使諸藥快營衛一切滯氣。

或曰：「蜂腊無美味，人以爲珍果。」予曰：「飲食固取美味，然亦有取其治療者，《本草》載趙鄂事，陳衍《本草》『土蜂子去風毒，久服令人悦白』，功用甚多。」或云：「蜂蠆有毒。」余曰：「蜈蚣、蛇、蝎，皆愈風良劑，何獨於蜂疑之【四】？」

宣和間築順州，得枸杞宿根，形如獒狀，獻厚陵。

高疏寮四世祖閌，初爲太學直學。蜀人雷姓者，嘗受《易》於高，每同出入。至一銀鋪，因與其家厚善，鋪家感其意，問曰：「尊官豈無所須？」雷曰：「無他，欲得公鍛銀鼎，當以白金百笏爲謝。」鋪家駭不敢受，强委之。既畢，鋪家曰：「鼎已相贈，敢問何用？」雷曰：「此鼎日乾水銀五十兩。」又嘗至一小藥鋪家，往還甚熟，因告以「欲得鋪前藥招，如何」？婦人曰：「尊官畫一新者見贈，便取舊底去。」雷贈以金，將舊畫去，畫一新者遺之，皆莫知其故。雷曰：「但看吾人他日享用此不盡。」隆冬張其畫於密室，終日温然，乃六丁鑽火圖，神筆也。案：此條《大典》裂作二條，今改正。

米元章不喜韓馬。有周百範者，以龍眠二馬换大防樓公《白集》，大防曰：「古有以

【三】諸香藥皆達氣　「皆」，原作「香」，「校譌」云：「香達」誤，本作「皆達」，據改。

【四】何獨於蜂疑之　「於」，原作「之」，據庫本改。

妾换馬者，以書换馬，自攻媿始。」正似王晉卿欲取東坡海石，錢穆父、王仲至謂不可許，坡請易以韓幹二散馬，晉卿難之，穆父欲兼取，蔣穎叔欲焚畫碎石。世上雅事，何時無之？論議紛紛，不及書馬兩從，不作難也。然晉卿以韓馬《照夜白》易米芾家顔書《朱巨川告》，劉涇又以硯山一石易韓馬。夫晉卿重於易海石而不靳博顔書，顔書貴矣。元章復以易硯石，又常以韓馬雜它物易劉涇《貞觀御史内史官奴帖》。數捐韓馬以貿易，好嗜自有異耶？米氏《畫史》記馬佳本不定爲韓，止云唐人妙手，且譏世俗見馬即命爲曹、韓筆，宜其不甚愛重也。

聖人不知後世有佛教，今看説底話，已爲佛教設。如「明明德」足了，又添箇「新民」，似又足了，又添箇「止於至善」，聖人教人之意，其遠如此，佛教只説一句「明心見性」便了。果齋先生云。

《楞嚴經》云：「烏從來黑，鵠從來白。人天本竪，畜生本横。白非洗成，黑非染造。從八萬劫，無復改移。」

郗皇后妒忌性酷，及終，后化爲蟒，帝爲懺罪。今之《梁皇懺》是也。

苻丕時【五】，徐義爲慕容永所獲，械埋其足，義誦《觀音經》，至夜中土開械脱，於重禁之中若有人導之者。遂奔楊佺期，以爲洛陽令。

李主好佛，太祖遣僧爲間，號小沙彌，導以奢侈，著乾紅袈裟。李主云：「佛亦莫不

【五】苻丕時　「苻」，原作「符」，據「續校」改。

如此！」小沙彌云：「陛下不讀《華嚴經》，不知佛富貴。」此誑敵語也，庸僧不知出處，拈出作話頭。

韓建治華州，患僧雜犯者衆，欲貸不可，盡治恐傷善類，乃擇有道行者爲僧正訓治之，而非其人，反爲所憚。久乃悟，判牒云：「本置僧正，欲要僧正。僧既不正，何用僧正？使僧自正。」傳者雖笑，以爲適中理。

撫州一祠宇，守亟命掀拆梁木，壓殞凡六七人。池州梁昭明祠，累錢爲旛，守紿語邦人，欲集旛錢爲神請封典【六】。銅陵丞攝郡幕，委董其事，拆旛錢近及五萬。丞忽顛仆，嘔血不救。二守皆遭臺評，嘉定間目擊，隱其名氏。

劉道真《錢塘記》：「明聖湖在縣南，父老相傳，湖中有金牛，古嘗有見其映寶靈泉，照耀流精，神化莫測，遂以明聖爲名。」孤山釋智圓，字無外，自號中庸子，有《命湖光文》擬韓作之者。《臨安圖經》不詳其事。《錢塘記》一書，今亦不復存。湧金門，湧金池，金牛寺，命名皆以此。

杭僧思聰，東坡爲作《字説》。政和間，挾琴登中貴之門，遂爲御前使臣。蘇叔黨以詩止之曰：「試誦《北山移》，爲我招琴聰。」

淨慈寺畫壁女像，眼多遭剔去。或曰撲錢者以塗錢面則撲者不滿，又曰倡家取雜粉中則色媚，又曰點茶以蠱客【七】。若然，則護伽藍神安在？安吉州祠山行宮女像，如人

【六】欲集旛錢爲神請封典　「旛」，原作「蟠」，據「續校」及前文改。

【七】又曰點茶以蠱客　「蠱」，原作「蟲」，「校譌」云：「蟲」字誤，本作「蠱」，據改。

長，眼亦並無全者。小人不識，罪福如此，官司亦合有禁【八】。

仲殊長老，崇寧中上堂辭衆，是夕閉方丈自縊死。鄒忠公詩云：「送行天莫測，難作瀆中經。」殊少爲儒雅，工樂府，游蕩不已，妻投毒羹中幾死，啖蜜而解，故嗜蜜。東坡爲作《老人食蜜歌》。

待制賈易，留心釋氏，嘗與楊侍講傑同修西方淨土。一夕，公夢傑曰：「我已得生西方淨土，子亦當往。」公異之。未幾，聞傑訃，攷其亡日，與夢之夕同。後公以壽終之夕，復夢如初。

或曰：「齋之用乳，是僧家欲啖以肥蔬腸。」余曰：「佛西方聖人，其俗氈裘爲衣，乳酪爲漿，乳非禁食。故魯督《釋迦文佛記》云：『有一牧牛女，名難陀波羅，時淨居天王言：「太子在樹下，汝可往供養。」時於千葉蓮花上取乳糜奉上太子。』又《列子》云：『巨蒐氏之國，具牛馬之湩以洗王足【九】。』又記京師一老醫人云：『市中成桶擔賣牛乳，以泡飯食之【一〇】，則膚革充潤。』東南人已駭聞。佛氏食乳，不足多怪。」

張乖厓遇設廚刲羊及百口，其毛角召行人估價賣【一一】，納錢送僧院，令與羊子轉經。李參政光嘗著有《薦羊疏文》云：「諸處餽羊，既不忍殺，十有三頭，畜養滋久，遂無脱期。今轉變到淨財五十貫足，躬就報恩禪寺齋供佛僧，看轉經文。仍設水陸，薦拔羣羊超生人天者。」先輩重物命如此，余亦效尤，爲之懺悔。

【八】官司亦合有禁　「官」，原作「宫」，「校譌」云：「宫」字誤，本作「官」，據改。

【九】具牛馬之湩以洗王足　「湩」，原作「潼」，「續校」云：「潼」當作「湩」，湩音棟，《説文》云「乳汁也」，「潼」音同，水名。

【一〇】以泡飯食之　「飯」，原作「飲」，據「續校」改。

【一一】其毛角召行人估價賣　「其」，原作「具」。「校譌」云：「具」字誤，本作「其」，據改。

采伯皇考未第時，謁靈康，夢神贈金魚一枓，空中呼爲「碧落侍郎」。尉剡時，夢樗浦廟神延見，七層塔上金書牌「相」字下有謝某名。乃知鼎貴已前定，豈容人力？案：「皇考」原本誤作「王考」。考采伯乃深甫之子，今改正。

嘉熙三年己亥，吴興人云：「來春米價必踊，年時竹篗捕鰕，率以所得占米價。去冬一篗二十餘，故米斛二十千，今歲四十餘，春初一斛必四十千【一二】。」亦龜卜、鳥卜、羊卜之類。吾俗有「蛤肥麥熟、鰕荒」之說。

《商子墾令》言「草必墾矣」，凡二十句，大意欲上下之勤農，戒酣嬉之敗農，使辟淫游食之民畢農，則草必墾矣。余僕早晚聲諾時，各令攜草而至，遂不令而自墾。

寶慶乙酉，余寓報慈改葬亡室。初秋夢歸自東家，四顧蕩然，絶無居室。時夕陽未收，獨步平沙，金星粲屑，前山奇秀層出，旁植桑竹，因賦長篇。覺來畧成誦，尚囁嚅口吻間。迨曉止記憶兩句，因筆僧窗云：「歸來鄰里悉不記，未免驚呼問桑竹。」紹定庚寅，由泉舶除新安，劒浦盜發，余自三山道東嘉而歸。己丑大浸，江岸僅存桑竹。

嘉熙三年己亥冬，奕修迎侍，寓吴興郡治。夢自舊居見城中紅光燭天，如萬炬烜赫，峆嵴浮屠兩尖，瞭然在目【一三】。庚子中秋前一日，大火，余亟呼二十僕入城救護亡姪寺丞靈櫬。因略望於共樂堂，與己丑之水，悉符夢境，無毫髮差。水現夢於前三年，火現夢於前一年。吁，亦異矣！

【一二】春初一斛必四十千　「斛」，原作「解」，據前文改。

【一三】瞭然在目　「瞭」，原作「燎」，據「續校」改。

密齋續筆記

高祖不修文學而創大業，蓋承秦之敝，寬仁愛人，有帝王之度。光武南陽賢宗室，受《尚書》於廬江許子成，紹復大業之後，數引公卿郎將，講論經理，夜分乃罷。所用諸將，如鄧禹受業長安，内文明，篤行淳備，事母至孝。寇恂素好學，經明行修，名重朝廷。馮異好讀書，通《左氏傳》，又上書謝曰：「臣本諸生云云，乃知性與天道，不可得而聞也。」詔答云：「孟之反不伐，奔而殿，亦何異哉！」賈復少好學，習《尚書》，後與鄧禹並戢甲兵，崇儒學。耿弇學《老子》於安丘先生，少好學，習父業。祭遵少好經書，取士皆爲儒術，對酒設樂，必雅歌投壺，雖在軍旅，不忘俎豆。耿純學於長安，朱祐尚儒學，景丹少學長安，劉隆學於長安。十人皆儒將，風聲氣習，與屠沽負販固自天壤然。其關係甚遠，治體醇疵之所由分。明、章再傳，儒學彬彬，羣賢傳中，名節凜然，餘朝代所不及。豈非《詩》《書》餘澤耶？

隋末大亂，而儒學盛於貞觀。陸德明論譔甚多，曹憲《文選》之學，授魏模、公孫羅、李善。顔師古注《漢書》，孔穎達《五經正義》，孔至氏族之學，張嗣宗經學授秦王，蕭德言哀次經史百氏帝王所以興衰者上之，僧許淹、馬嘉運棄墨從儒，並名家。唐初學者，學有根柢。至於元和間，文士輩出，華盛實衰矣。

馮道取西京鄭覃所刊石經，雕爲印板，流布天下，後進賴之。武君開我宋文明之治，「癡頑老子」廣經學之門。此老篤行有古人風，值武君無禮無義，互相吞啖，篡奪日尋，使不得死臣節爲恨。

王祥，琅邪人，吕虔檄爲徐州別駕，破賊。人歌之曰：「海沂之康，實賴王祥。」仕至太尉，年八十五。弟覽，孝友恭恪，名亞於祥，以太中大夫歸老。吕虔以三公刀與祥，祥與覽曰：「汝後必興。」司徒導即其孫也，悦、恬、洽、劭、薈、珣、珉、謐、舒、晏之、崑之、植之、允之、晞之、肇之、廙、彬、彪之、頤之、胡之、茂之、敬弘、藉之、彭之、越之、臨之、稜、羲之、凝之、徽之、楨之、操之、獻之、靜之、敦、戎、衍、澄，皆琅邪裔也。祥之孝固難，覽之悌爲尤難。孝弟之至，通於神明，是以自天祐之，子孫衆多也。

龍山之宴，孟嘉恥爲征西客，故假落帽以蓋其慙。淵明出宅邊菊叢中，值王弘送酒至，即便就酌，醉歸。陶乃孟甥也。九日美談，舅甥都占斷，後人無以復加，亦一段奇事。

元載以貪被誅，籍其家胡椒八百石，楊綰以清簡儉素代其平章事。郭子儀減聲樂，黎幹省騶從，崔寬撤第舍。盛德感人，習俗一變。而四月拜命，七月己巳薨。司馬光元祐元年閏二月拜左僕射，公首更詔書，開言路，分别邪正，進退甚者十餘人，旋罷保馬、市易、助役、青苗、鹽鐵、茶法，復常平糴糶法，身徇社稷，躬親庶務。而是年九月丙辰薨。二公天不假年，相業未究，古今惜之。君子有福，小人無福，此治世也；君子無福，小人有福，事可知矣。

《荀彧本傳》云：「留壽春，以憂薨。」《魏氏春秋》曰：「飲藥而卒。」《通鑑》取《魏氏春秋》而書，司馬温公論曰：「文勝質則史。凡爲史者，記人之言，必有以文之。然則比魏武於高、光、楚、漢者，皆史氏之文也，豈彧之言耶？用是貶彧，非其罪矣。」某曰：彧附曹氏，終始昭然，杜牧之已結正款，無可逃者。百世之下，所信者史，而以爲非彧口所言，吾意其臨薨所焚毁陳事書，皆奇策密謀者，無非傾漢滅劉氏之邪謀，不可以示海内、傳後世者也。豈可謂之皆史氏之文也？愚者一得之慮，不敢自遜於先哲。

李密起拱州，據洛口倉、回洛倉、黎陽倉，足食足兵，似得計矣。而柴孝和勸取關中，密不從，以致於敗。李淵起太原，欲回軍，世民力諫取關中，哭於帳外，夜追前軍回，竟入關中。關中若柴紹等皆以兵來迎，大勢遂定。薛舉亦欲入關，已無及。漢業開基，亦是關中。關中，中原一大形勝之地。范致虚以三十萬勤王，關中失守，遂分南北，可恨也。

士未逢時，失身於人，固爲不幸。士而逢時，能以功名自見，亦未爲不幸也。魏徵始爲道士，爲武陽郡丞元寶藏客，又爲李密典書，又爲竇建德起居舍人、隱太子洗馬；王珪爲建成中允。後太宗並召爲諫議大夫。李大亮爲龐玉兵曹，又爲李密所擒，岑文本爲蕭銑客，温彦博初爲李靖行軍長史，高士廉爲丘和客。後皆爲唐名臣。斑按：《温彦博傳》：「彦博爲羅藝行軍司馬。」

黄帝曰：「夫子數言，熱中、消中，不可服高粱、芳草、石藥【一】。石藥發瘨，芳草發狂。」注云：多飲數溲曰熱中，多食數溲曰消中，多喜曰瘨，多怒曰狂，高粱之疾也。高粱，米也；石藥，英乳也；芳草，濃美也。富貴之人常服之，難禁也。肥令人内熱，甘令人中滿。石藥氣烈，非緩心和氣，人不可以服。是黄帝時已有高粱。又古字通用，世人鄙世禄爲「膏粱」，不知所出【二】。余村居齩菜根，決無此二證。

天地生蔬，因時濟人，人之啖蔬，莫感天地之恩，曰菜飯，曰蔬食，有不滿之色者，名曰褻天。

罌粟紅白二種，痔下者隨色用之即愈。辛稼軒患此已殆甚，一異僧以陳罌粟煎全料人參敗毒散，吞下感通九十餘粒，即愈。

【一】不可服高粱芳草石藥　「粱」原作「梁」。「校譌」云：「梁」字誤，本作「粱」，據改。下文同。

【二】世人鄙世禄爲膏粱不知所出　「補校」云：「膏粱」二字本《孟子》，《素問》乃秦以後人所作，非古書，不足據。

佚文

文帝即位，陳武建征伐之謀，孝文願且休息，無議軍。人情久動則思靜，漢之文、景，正是宋朝景德、慶曆間休養生息之時。人情久靜則思動，至武帝時，宫室、方士、開邊之役並興，又絶似宣和繁盛富庶之時。（《永樂大典》卷一三〇八二）

李方叔，號濟南先生《月巖集》；晁無咎，號濟北先生《鷄肋集》。蜀中有極小字本，又有中字本，奕恭所藏者小字本。余嘗云：「早起睡，小寢極有味。作文必先讀古文，令口吻熟。」奕恭曰：「二事暗合東坡。」今閲《月巖集》，信然。余經史之外，復列歐、蘇、黄、陳、秦、張、晁、李八集於座右，朝夕屬饜焉。（同上書卷二二五三七）

原跋

右《密齋筆記》，别經史、本朝文藝雜書，釐爲五卷，續記一卷。先公易班東歸，晚年著此，比鋟梓家塾，而字小不便老眼，舛誤未暇考訂。奕楙挈來臨汝，欲刻置郡齋，迺是正魯魚，其間至有脱簡者，亦復增補使備，始得爲善本。一夕夢先公若有喜色，謂奕楙曰：「汝日所爲，吾從旁覘之。行又往婺女矣。」蓋大卿兄守婺故也。嗚呼！先公殁六年，而精爽炯然，託諸夢以詔諸孤，一舉措頃，在其左右，顧不肖何以稱塞，惟戰戰兢兢，是戒是懼而已。既刊此書，屬兩倅題卷末，輒復記此。時寶祐丙辰孟秋中澣，男奉議郎、權知撫州軍州兼管内勸農營田事、節制軍馬奕楙百拜書。

昔歐陽公著《歸田録》，范蜀公作《東齋記事》，皆在辭蟬捨冕後。蓋前輩於文章翰墨，若飢食渴飲，未嘗一日廢，非有老壯之分，仕止之間也。密齋先生年六十有三，即弭節杜門，淡然無營，惟耽玩書史，遠紹旁搜。今觀《筆記》一書，如武庫乍開，戈矛劒戟，犀利森列，使人毛髮竦竪。非胷次千古，筆力萬鈞，疇克爾歟？其視歐、范二公風流藴藉，相似也。臨川使君一日出示家集，且病舊板漫漶，字有脱誤，將屬太史王公是正之，别鋟之梓。方動念間，忽夢密齋如平生。是知公於斯文，雖神遊八極，未能忘情。嗚呼！其精爽豈不可敬畏哉！漢韋賢父子以明經爲宰相。時人爲之語曰：「遺子黄金滿籯，不如教子一經。」今密齋獨以文印傳子孫，而使君又克成先志，是亦韋氏一經之教。由此觀之，君家之福未艾也。寶祐丙辰季夏朔日，通直郎、通判撫州軍州兼管内勸農營田事成公策識。

◎廖瑩中輯

江行雜録

李偉國　整理

點校説明

《江行雜録》，廖瑩中（？—一二七五）輯。瑩中邵武軍邵武（今屬福建）人，字群玉。登進士第，初爲賈似道幕客。開慶元年（一二五九），似道在鄂私向忽必烈乞和，請稱臣納幣，廖撰《福華編》頌功德。度宗時，似道擅朝權，居西湖葛嶺，大小政事，決於瑩中。德祐元年，因似道革職放逐，自殺死。好書法，刻法帖多種。又嘗刊行《韓昌黎先生集》，爲明代東雅堂刻本所本，號「世綵堂本」。

此書爲輯録唐宋説部書而成，全書共二十條，其中十五條在明陸楫輯《古今説海》説纂部散録家中，其中所引林子中《野史》一條，涉南宋初之事，而林希卒於建中靖國元年，則其文不當出於其書。所引用之書有今不存世者。内容主要爲歷史掌故，有一定的文獻價值。

此書主要版本有元陶宗儀輯《説郛》宛委山堂本、明李栻輯《歷代小史》本、明陸楫輯《古今説海》本等。《説海》本部分條目未標有出處，這次整理，以《古今説海》本爲底本，校以《説郛》和《歷代小史》本及相關圖書。

肅宗在春宮，嘗與諸王從玄宗詣太清宮。有龍見于殿之東梁，玄宗目之，顧問諸王：「有所見乎？」皆曰：「無之。」問太子，太子俛而未對，上問：「頭在何處？」曰：「在東。」上撫之曰：「真我兒也。」《因話録》

和政公主，肅宗第三女也，降柳潭。肅宗宴于宮中，女優有弄假官戲其緑衣秉簡者，謂之「參軍樁」。天寶末，蕃將阿布思伏法，其妻配掖庭，因使隸樂工，是日遂爲假官之長，所謂「樁」者。及侍宴，皆笑樂，公主獨俛首顰目不視。上問其故，公主曰：「禁中侍女不少，何必須此人？使阿布思真逆人也【一】，其妻亦同刑人，不合近至尊之座。果寃横，又豈忍使妻與群優雜處，爲笑謔之具哉！妾雖至愚，深以爲不可。」上亦憫惻，遂罷戲，而免阿布思之妻，由是賢重公主。

令狐文公除守兖州，州境方旱，米價甚高。公至，首問「米價幾何，州有幾倉」，屈指獨語曰：「舊價若干，四倉各出米若干，以若干定價糶，則可以賑救矣。」左右聽之，流語遍郡中，富人競發所畜，物價乃平，人心欣然。

賈耽精於術數，有一叟失牛，詣桑國師占，師曰：「爾牛在賈相公帽筒中。」叟迎公首

校勘記

【一】使阿布思真逆人也　「逆」，原作「逸」，據《説郛》宛委山堂本（以下簡稱《説郛》本）改。

訴之，公笑取筒中式盤，據鞍作卦曰【二】：「爾牛在安國觀之門後大槐鵲巢中。」便往探視，見旁有人繫牛，乃獲盜牛者。

牛奇章帥維揚，杜牧在幕中，夜多微服逸遊。公聞之，以街子數輩潛隨護之，以防不虞。後牧之以拾遺召，臨別，公以縱逸爲戒，牧之始猶諱之，公命取一篋，皆街子報帖，云：「杜書記平善。」乃大感服。

杜牧之《阿房宮賦》云：「六王畢，四海一。蜀山兀，阿房出。」陸傪作《長城賦》云：「千城絶，長城列，秦民竭，秦君滅。」傪輩行在牧之前，則《阿房宮賦》又祖《長城》句法矣。牧之云：「明星熒熒，開妝鏡也；緑雲擾擾，梳曉鬟也；渭流漲膩，棄脂水也；煙斜霧横，焚椒蘭也；雷霆乍驚，宫車過也；轆轆遠聽，杳不知其所之也。」盛言秦之奢侈。楊敬之作《華山賦》有云：「見若咫尺，田千畝矣；見若環堵，城千雉矣；見若杯水，池百里矣；見若蟻垤，臺九層矣；蜂窠聯聯，起阿房矣；小星熒熒，焚咸陽矣。」《華山賦》，杜司徒佑已常稱之，牧之乃佑孫，亦是傚敬之所作。信矣，文章以不蹈襲爲難也。《瑞桂堂暇録》

元相國之鎮江夏也，嘗秋夕登黄鶴樓，遥望海江之濱，有光若殘星焉，乃令親信往觀之，遂櫂小舟直至江所，乃釣船也。詢彼，漁云：「適獲一鯉，光則無之。」親信乃攜鯉而來，既登樓，命庖人剖之，腹中得古鏡二，如古錢大，以面相合，背則隱起雙

【二】據鞍作卦曰　「卦」，原作「封」，據《説郛》、《歷代小史》本（以下簡稱「各本」）改。

龍，雖小而鱗鬣髯爪悉具，既磨瑩，則常有光輝。公寶之，置巾箱中。及相國薨，鏡亦亡去。

外王父中書令晉國公，宣宗朝再啓黄閣，不協比於權道，惟以公諒宰大政。四方有請訴，礙於法者，必固爭不已，由是征鎮忌焉。然志尚典籍，雖門施行馬，庭列皀鍾，而尋繹未嘗稍倦。於永甯里第别搆書齋，每退朝，獨處其中，愉愉如也。大中三年，因請假將入齊，惟所擾卑脚犬花鴨從，既啟扉，而花鴨連銜公衣卻行，叱去復至。既入閣，花鴨仰視【三】，吠轉急。公亦疑之，乃匣中拔千金劍，按於膝上，向空祝之曰：「若有異類陰物，可出相見。吾乃大丈夫，豈懾于鬼輩而相迫邪？」言訖，欻有物從梁上墜地，乃人也，朱髮，衣短褐衣，色貌黝瘦，頓首連拜，惟曰「死罪」。公止之，且詢其姓名、何爲。對曰：「李龜壽，盧龍塞人也，或有厚賂龜壽，令不利於公。龜壽上感鈞化，復爲花鴨所驚，形不能匿，令公若貰龜壽萬死之罪，願以餘生服事台鼎。」公曰：「待汝以不死。」遂命元從都押衙傳存隸之。明日，旦有婦人至第門，服裝單急，曳履而抱持襁嬰，請於閽曰：「幸爲呼李龜壽。」龜壽乃出，其妻且曰：「訝君稍遲，昨夜半自前來相見耳。」遂與龜壽同止。及公薨，龜壽盡室亡去。《小説舊聞記》

白樂天詩云：「倦倚繡牀愁不動，緩垂緑帶髻鬟低。遼陽春盡無消息，夜合花開日又西。」好事者畫爲倦繡圖。《娱書堂詩話》

【三】花鴨仰視　「鴨」原作「鳥」，據上文改。

梁太祖統四鎮日，名温，與崔相國連構大事，崔每奏太祖忠赤，委之關東，國無患矣。昭宗遽勑太祖改名全忠，識者曰：「全字，人王也，又在中心，其不可也。」近臣亦奏，上方悔焉。勑命既行，追之莫及。後果篡大位。是時四方天下其在中心【四】，賜名之應也。《鑑戒録》

王平甫云：「花蕊宫詞三十二首。」今考王恭簡《續成都集記》【五】，纔二十八首，盡筆於此，庶真贋了然。「五雲樓閣鳳城間，花木長新日月閒。三十六宫連内苑，太平天子坐崑山。」「會真廣殿約宫墻，樓閣相扶接太陽。靜甃玉堦横水岸，御爐香燕撲龍牀【六】。」「龍池九曲遠相通，楊柳絲牽兩岸風。長似江南好春景，畫船來去碧波中。」「東内斜將紫禁通，龍池鳳苑夾城中。曉鐘聲斷嚴妝罷，院院紗牕海日紅。」「殿名新立號重光，島上池臺盡改張。但是一人行幸處，黄金閣内鎖牙牀【七】。」「安排諸院接行廊，水檻周回十里强。青錦地衣紅繡毯，盡鋪龍腦鬱金香。」「夾城門與内門通，朝罷巡遊到苑中。每日中官祇候處【八】，滿堤紅豔立春風。」「廚船進食簇時新，侍坐無非列近臣。日午殿頭宣索鱠，隔花催喚打魚人。」「立春日進内園花，紅蕊輕輕嫩淺霞。跪到玉堦猶帶露，一時宣賜與宫娃。」「三面宫城近夾墻【九】，苑中池水白茫茫。亦從獅子門前入，旋見亭臺繞岸傍。」「離宫别院繞宫城，金板輕敲合鳳笙。夜夜月明花樹底，傍池長有按歌聲。」「御製新翻曲子成，六宫纔唱未知名。盡將觱篥來鈔譜，先按君王玉笛聲。」「旋移紅樹斸青苔，宣使龍

【四】是時四方天下其在中心　「其」，原作「具」，據各本改。

【五】今考王恭簡續成都集記　「都」，原作「初」，各本同。按此條注出《賓退録》（宋趙與時），查其書卷十同條作「都」，宋趙抃熙寧中作《成都集記》，紹興末王剛中（謚恭簡）作《續成都集記》，據改。

【六】御爐香燕撲龍牀　「爐香」原作「香爐」，據各本改。《賓退録》「燕」作「氣」，較長。

【七】黄金閣内鎖牙牀　「内」，各本同，《賓退録》作「子」。

【八】每日中官祇候處　「中官」，各本同，《賓退録》作「日高」。

【九】三面宫城近夾墻　「近」，各本同，《賓退録》作「盡」。

池再鑿開。展得緑波寬似海，水心樓殿勝蓬萊【一〇】。」「太虚高閣凌波殿，背倚城墻面浸池【一一】。諸院各分娘子位，羊車到處不教知。」「脩儀承寵住龍池，掃地焚香日午時。等候大家來院裏，看教鸚鵡念宫詩。」「才人出入每相隨，筆硯將來繞曲池。張向綵牋書大字，忽防御製寫新詩。」「六宫官職總新除，宫女安排入畫圖。二十四司分六局，御前頻見錯相呼。」「春風一面晚妝成【一二】，偷折花枝傍水行。却被内監遥覷見，故將紅豆打黄鶯。」「梨園弟子簇池頭，小樂攜來候燕遊。旋炙銀笙先按拍，海棠花下合梁州。」「殿前排燕賞花開，宫女侵晨探幾回。斜望花開遥舉袖，傳聲先喚近臣來。」「小毬場近曲池頭，宣喚勳臣試打毬。先向畫廊排御幄，管弦聲動立浮油。」「供奉頭籌不敢爭，上棚專喚近臣名。内人酌酒纔宣賜，馬上齊呼萬歲聲。」「殿前宫女總纖腰，初學乘騎怯又嬌。上得馬來纔似走，幾回抛鞚抱鞍橋。」「自教宫娥學打毬，玉鞍初跨柳腰柔，上棚知是官家認，遍遍長赢第一籌。」「翔鸞閣外夕陽天，樹影花光水接連。望見内家來往處，水門斜過罨樓船。」「内人追逐采蓮時，驚起沙鷗兩岸飛。蘭棹把來齊拍水，並船相鬬濕羅衣。」「新秋女伴各相逢，罨畫船飛別浦中。旋折荷花伴歌舞，夕陽斜照滿衣紅。」「月頭支給買花錢，滿殿宫娥盡十千【一三】。遇著唱名多不應，含羞急過御牀前【一四】。」《賓退録》

周恭帝幼沖，軍政多決於韓通，通愚愎。太祖英武，有度量，多智略，屢立戰功，由是將士皆愛服歸心焉。及將北征，京師民間諠言，「出軍之日，當立點檢爲天子」，富室或挈

【一〇】水心樓殿勝蓬萊　「萊」，原作「來」，據各本及《賓退録》改。

【一一】背倚城墻面浸池　「浸」，《賓退録》作「枕」。

【一二】春風一面晚妝成　「晚」，《賓退録》作「曉」。

【一三】滿殿宫娥盡十千　「盡十」，《賓退録》作「近數」。

【一四】含羞急過御牀前　「急」，《賓退録》作「走」。

家逃匿於外州，獨宮中不之知。太祖懼，密以告家人曰：「外間詾詾如此，將若之何？」太祖姊或云即魏氏長公主。方在廚，引麪杖逐太祖，擊之曰：「大丈夫臨大事，可否當自決胸懷，乃來家間恐怖婦女何爲？」《涑水紀聞》

太祖之自陳橋還也，太夫人杜氏方設齋於定力院。聞變，王夫人懼，杜太夫人曰：「吾兒平生奇異，人皆言當極貴，何憂也！」言笑自若。是日，太祖即位，契丹、北漢兵皆退。

京都中下之户，不重生男，每生女則愛護如捧璧擎珠，甫長成，則隨其資質，教以藝業，用備士大夫採拾娛侍。名目不一，有所謂身邊人、本事人、供過人、針線人、堂前人、劇雜人、拆洗人、琴童、棋童、廚娘等級，截乎不紊。就中廚娘最爲下色，然非極富貴家不可用。余以寶祐丁巳參閫寓江陵，嘗聞時官中有舉其族人置廚娘事，首末甚悉【一五】，謾書之，以發一笑。其婺人名某者，奮身寒素，已歷二倅一守，然受用澹泊，不改儒家之風。偶奉祠居里，便嬖不足使令【一六】，飲饌且大粗率。守念昔留某官處晚膳，出京都廚娘調羹極可口，適有便介如京，謾作承受人書，託以物色，費不屑較。未幾，承受人復書曰：「得之矣。其人年可二十餘，近回自府第，有容藝，能算能書，旦夕遣以詣直。」不旬月，果至，初憩五里頭，時遣脚夫先申狀來，乃其親筆也，字畫端楷，歷敍慶幸即日伏事左右，末乞以四轎接取【一七】，庶成體面【一八】，辭甚委曲，殆非庸碌女子所可及。守一見，爲之破顔。

【一五】首末甚悉　「悉」，原作「息」，據各本改。

【一六】便嬖不足使令　「便」，原作「使」，據《歷代小史》本改。

【一七】以四轎接取　「接」，原作「按」，據各本改。

【一八】庶成體面　「面」，原作「問」，據各本改。

及入門，容止循雅，紅裙翠裳，參視左右乃退，守大過所望。少選，親朋皆議舉杯，爲賀廚娘。廚娘遽至，使廚請曰：「未可展會，明日且是常食，五杯五分。」廚娘請食品菜品資次，出書以示之。食品第一爲羊頭簽，菜品第一爲葱齏，餘皆易辦者。廚娘謹奉旨教，舉筆硯具物料，内羊頭簽五分，各用羊頭十箇，葱韮五楪，合用葱五斤，他物稱是。守固疑其妄，然未欲遽示以儉鄙，姑從之，而密覘其所用。翌旦，廚師告物料齊，廚娘發行匳，取鍋、銚、盂、勺、湯盤之屬，令小婢先捧以行，燦爛耀目，皆白金所爲，大約計該五七十兩，至如刀砧雜器，亦一一精緻，傍觀嘖嘖。廚娘更圍襖、圍裙，銀索攀膊，掉臂而入，據坐胡牀，徐起取抹批臠，慣熟條理，真有運斤成風之勢。其治羊頭也，漉置几上，别留臉肉，餘悉擲之地。衆問其故，廚娘曰：「此皆非貴人所食矣。」衆爲拾頓他所，廚娘笑曰：「若輩真狗子也。」衆雖怒，無語以答。其治葱韮也，取葱微徹過沸湯，悉去鬚葉，視楪之大小分寸而截之，又除其外數重，取條心之似韭黄者，以淡酒醯浸漬，餘棄置，了不惜。凡所供備，馨香脆美，濟楚細膩，難以盡其形容。食者舉筯無贏餘，相顧稱好。既撤席，廚娘整襟再拜曰：「此日試廚，萬幸台意須照例。」守方遲難，廚娘曰：「豈非待檢例邪？」探囊取數幅紙以獻曰：「是昨在某官處所得支賜判單也。」守視之，其例每展會支賜絹帛或至百疋，錢或至三二百千，無虚拘者。守破慳勉强，私竊喟歎曰：「吾輩事力單薄，此等筵宴，不宜常舉，此等廚娘，不宜常用。」不兩月，託以他事，善遣以還。其可笑如此。《暘谷漫録》

温公之任崇福，春夏多在洛，秋冬在夏縣，每日與本縣從學者十許人講書。用一大竹筒，筒内貯竹籤，上書學生姓名，講後一日，即抽籤令講，講不通，則微數責之。公每五日作一暖講，一杯、一飯、一麪、一肉、一菜而已。公先隴在鳴條山，墳所有餘慶寺。公一日省墳，止寺中，有父老五六輩上謁云：「欲獻薄禮。」乃用瓦盆盛粟米飯，瓦罐盛菜羹，真飯土簋、啜土鉶也。公享之如太牢。既畢，復前啓曰：「某等聞端明在縣日，爲諸生講書，村人不及往聽，今幸略説。」公即取紙筆，書《庶人章》講之。既已，復前白曰：「自《天子章》以下，各有《毛詩》兩句，此獨無有，何也？」公默然少許，謝曰：「某平生慮不及此，當思其所以奉答。」村父笑而去。每見人曰：「我講書曾難倒司馬端明。」公聞之，不介意。《懶真子録》

建炎己酉秋，杭州清波門裏竹園山平地涌血，須臾成池，腥聞數里。明年，金人殺戮萬人，即暗竹園也。熙寧八年冬，杭州地涌血者三，最後流入于河，腥不可聞。林子中《野史》

有稱中興野人和東坡《念奴嬌》詞【一九】，題吴江橋上，車駕巡師江表，過而覩之，詔物色其人，不復見矣。詞云：「炎精中否，歎人才委靡，都無英物。胡虜長驅三犯闕，誰作長城堅壁？萬國奔騰，兩宫幽陷，此恨何時雪？草廬三顧，豈無高卧賢傑？天心眷我中興，吾皇神武，踵曾孫周發，河嶽封疆俱効順，虜狂會須灰滅。翠羽南巡，扣閽無語，徒有衝冠髮。孤忠耿耿，劍鋒冷浸秋月。」《野史》

【一九】有稱中興野人和東坡念奴嬌詞「奴」，原作「怒」，據《説郛》本改。

古者尚書令史，防禁甚密。宋法令史白事，不得宿外，雖入座命亦不許。李唐令史不得出入，夜鎖之。韓愈爲吏部侍郎，乃曰：「人所以畏鬼，以其不見。鬼如可見，則人不畏矣。選人不得見令史，故令史勢重。任其出入，則勢自輕。」不禁吏出入，自文公始。《野史》

徽宗北狩，四太子請王婉容爲粘罕子婦，上遣之曰：「好事新主。」及行，大哭曰：「何忍以一身事兩主！」就輿中以匳刀自刎。太子曰：「南宋大臣未有如此者！」擇地葬之，至碑曰「貞婦冢」。《吹劍録》

光堯聖壽太上皇帝，當内修外攘之際，尤以文德服遠，至於宸章睿藻，日星昭垂者非一。紹興二十八年，將郊祀，有司以太常樂章篇序失次，文義弗協，請遵真宗、仁宗朝故事，親製祭享樂章，詔從之。自郊社、宗廟、原廟等共十有四章，肆筆而成，睿思雅正，宸文典贍，所謂「大哉王言」也。至於一時閑適，寓景而作，則有《漁父辭》十五章，又清新簡遠，備騷雅之體。其辭有曰：「薄晚煙林淡翠微，江邊秋月已明輝。縱遠柁，適天機，水底閑雲片段飛。」又曰：「青草開時已過船，錦鱗躍處浪痕圓。竹葉酒，柳花氈，有意沙鷗伴我眠。」又曰：「水涵微影湛虚明，小笠輕簑未易晴。明鏡裏，縠紋生，白鷺飛來空外聲。」辭不能盡載。觀此數篇，雖古之騷人詞客，老於江湖，擅名一時者，不能企及【二〇】。《奎章録》

【二〇】不能企及　「企」原作「念」，據《説郛》本改。

通判監酒趙詩者，昔在學校，嘗因齋生熟寐，與衆戲以香燭花果楮錢之類，設供於卧榻前，而潛伺之。寢者既覺，見之，曰：「我已死邪？」因唏嘘不已。少頃復寐，久不起，視之，真死矣。乃徹供設之物，相與秘之。斯人豈乍覺見此，神魂驚散，遂不復還體也邪？事有不可知者。《馬氏新録》

◉邢凱撰

坦齋通編

程郁整理

點校説明

《坦齋通編》，一卷，邢凱撰。據《南宋館閣續録》卷八、卷九及清乾隆《江西通志》，邢凱字廷舉，隆興府武寧（今屬江西）人，嘉定七年（一二一四）袁甫榜進士，治《禮記》。紹定二年（一二二九）除通判吉州。嘉熙二年（一二三八）知江陰軍，後官至吏部侍郎。

宋諸書目皆未著録本書，惟《説郛》署宋邢凱撰，明《文淵阁书目》亦著录作者爲邢凱。四庫館臣自《永樂大典》輯出數十條，因所紀考定「是書成於寧宗以後」，並评爲「其書多考證經史，略如程大昌《演繁露》、洪邁《容齋隨筆》之體」，「考訂皆爲精核，持論皆爲正大」。「顔孟十哲」條提出「宜别立室祀顔路、曾皙、子思」，由今人視角或不免迂腐，但孟子於兩宋間地位驟升，爲經學史重要事件，由此可知當時孔廟祀制。其他有關於宋救荒、王安石變法等條目，亦值得治史者參考。

此次整理以文淵閣《四庫全書》本爲底本，校以《説郛》本与《叢書集成》本。《説郛》本未見於底本的五條，附於卷末。

損之六五，益之六二，皆曰：「或益之十朋之龜，弗克違。」自王輔嗣有朋龜獻策之説，學者類以十朋之龜爲絶句。聞明《易》者以或益之爲一句，十朋之爲一句，龜弗克違爲一句，蓋十人朋而益之，雖龜亦不能違，如詢謀僉同，則鬼神其依，而龜筮亦協從矣。原註：近見楊誠齋《易解》與此説同。

《左傳》執冰而踞【一】，杜預以冰爲箭筩，初疑其不然。及觀《詩·大叔于田》「抑釋掤忌」，註：「掤冰，所以覆矢𢇛弓。」師古釋文：「掤，音冰，所以覆矢也。」馬氏曰：「櫝，圓蓋也。」今《韻畧》註云：「箭房之蓋，掤通作冰。」乃知預之説爲有據也。

《詩》稱文母，即文王之母，亦猶啓母則啓之母也。《毛詩》於《雝》詩乃以文母爲太姒，誤矣。《論語》：「亂臣十人，有婦人焉，九人而已。」馬氏云：「一人謂文母。」幸而劉侍讀以爲子無臣母之理，婦人謂邑姜是矣。但文母者，實武王之祖母，亦非太姒也。《思齊》太任，文王之母，當以是爲證。予既辯文母爲太任於前矣，載考杜鄴《方正策》云：「禮有三從之義，雖有文母之德，必繫於子。」顔師古註：「文母，文王之妃，太姒也。」劉仲馮駁之曰：「文母，文王之母也，所謂繫於子也，何預太姒？」乃知先儒已有此論，予之説偶與之合爾。

《月令》：「雉入大水爲蜃。」解者皆曰入淮爲蜃。原註：從辰從虫，係蛤之大者。夫蜃，吐氣如樓，燕雀来棲，乃吸而食之，此豈蚌蛤之所能爲？蓋雉與蛇交，生卵于深谷，歲久産

【一】執冰而踞　「踞」原作「嬉」，據《説郛》本、《左傳》改。

蛟【二】，所謂深山大澤，實生龍蛇，蓋是物也。其發洪而出，山摧石裂，漂蕩人家，吾鄉屢遭此患。若龍而無角，俗呼爲蛟蜃。《廣韻》蜃字，在上聲者註云大蛤，在去聲者註云蛟蜃。坡詩：「願隨壯士斬蛟蜃，不願腰間纏錦條」，亦合「蛟蜃」而言。

《説苑》伍子胥曰：白龍下清冷之淵，化而爲魚，豫且射中其目，訴於天帝。帝曰：「魚固人之所射，豫且何罪？」可證《春秋》矢魚之説。又《説苑·尊賢篇》有曰，「非其人而欲有功，譬若夏至之日而欲夜之長也，射魚指天而欲發之當也。」益知射魚古人常事，而儒者常談耳。

莊公二十四年，御孫曰：「儉，德之共也；侈，惡之大也。」共字無音。十一年，「齊侯来逆共姬」，共音恭，而不曰後倣此。人多讀如字，謂儉者德之同共，若會聚然也，予每疑之。蓋奢則不遜，與儉之爲恭正相反。及觀東漢翟酺上疏曰：「儉德之恭，政存約節。」唐王仁皎以皇后父詔墳高五丈一尺，宋璟還詔曰：「儉，德之恭，侈，惡之大。」二者正作「恭」字，前疑遂釋。

左氏等書稱：「母弟者，謂同母之弟也。」班史《季布傳》既曰：「布弟季心，氣蓋關中」，又曰：「布母弟丁公」，則丁公者，蓋布母之弟耳，稱母弟非是，遷史已誤，固因之也。《索隱》乃云「布之舅也」，得之矣。

先儒言仁，以桃仁爲喻，意謂仁爲理之所從生，如果中心亦能生也。然桃杏之心，本

【二】歲久産蛟　「蛟」原作「蛇」，據下文及《叢書集成》本改。

是「人」字，作仁非也。坡詩「歲月翩翩下坂輪，歸來杏子已生人」，是矣。《物類相感志》：「龍之爲性，麄而畏鐵」。梁人堰淮，有獻此策者，乃冶鐵數千萬斤沉之，亦不能固，則古語何可盡信。本朝歲修河堤，其費甚廣，山谷在館中時，有獻鐵龍爪之策，山谷以「兒戲」書之，蓋亦知其無益也。

茶取其味以爽神思，山谷云：「或濟以鹽，鈎賊破家，滑竅走水，又況雞蘇之與胡麻。」言不容雜以他物也。坡詩：「脂麻白玉滇盆研，一半已入姜鹽煎。」故陳后山詩：「媿無一縷破雙團，慣下姜鹽枉肺肝。」俗尚不同如此。夔門有曲蟮瘴，以茱萸煎茶飲之，良愈，謂之辣茶。又一異也。

范蜀公鎮嘗言：「江南有紅鹽。」然江南何嘗有此？按蔡君謨《荔枝譜》：「紅鹽者，以鹽梅浸佛桑花爲紅漿，投荔枝漬之，曝乾而味甘酸。」非真鹽也。《北史》：「高昌出赤鹽，中國無之。」《物類相感志》亦止言「落橄欖酸棗用鹽」而已。

土物之貢有人所不識者，如伊涼庭州之陰牙角，嬀州之胡禄五，不知爲何物。蓋以地遠，見聞所不逮也。

天地生物養人，不止九穀。《周官》九職，臣妾聚疏材，草木根實可食者也。蘇武掘野鼠，取草實而食之【三】，李恂拾橡實以自資，元魏以桑葚代租，皆是也。河北被水，范文正公往賑救，得饑民所食烏昧草以獻。江西每遇歲儉，即食蕨根，所謂「疏材」，不止此數

【三】取草實而食之　「取」原作「去」，據《漢書》、《叢書集成》本改。

物也。原註：魏道武乏軍糧，崔逞請賦桑葚。

許汜曰：「陳元龍自臥大牀，臥客於下牀。」劉玄德曰：「如我，欲臥百尺樓上。臥君於地下【四】。」則臥百尺樓者，玄德也。坡詩曰：「恨無揚子一區宅，欲臥元龍百尺樓。」京魏公《定風波》詞云：「休臥元龍百尺樓，眼高照破古今愁。」皆相承之誤也。

詩人好改易地名，以就句法。如大孤山旁有女兒港，小孤山對面有澎浪磯，韓子蒼詩：「小姑已嫁彭郎去，大姑常隨女兒住。」四者之中，所不改者女兒港耳。蜀大散關有喜歡鋪，東坡《入贛詩》：「山憶喜歡勞遠夢，地名惶恐泣孤臣。」自下而上第一灘在萬安縣，前名「黄公灘」，坡乃更爲「惶恐」，以對「喜歡」。《廬陵志》二十四灘，坡詩乃云「十八灘頭一葉身」，亦非也。

漢宣帝云：「俗儒不達時宜，好是古非今，使人眩於名實。」眩字作去聲，則不犯廟諱。然《莊子》此字通作平聲，程文中不必用也。

淳熙間，隆興解試小經題「身中清，異於白」。按《孟子》，「異於白馬之白」也，合作一句，謂馬之白吾從而白之，亦猶白人之白耳。慶元間高秉儒内翰困士子以難題，如「大時紫壇八觚」之類，省試乃取「天子大采朝日賦」。按古者，太字皆省一點，以「少采夕月」言之，則爲太采可知，如太宰、少宰、太牢之類，主文既不悟其太，士子亦只作大字押韻。況此事見《國語》，乃公父文伯之母之言，前此亦未有用婦人之言爲省題者。

【四】臥君於地下　原脱「地」字，據《三國志》、《叢書集成》本改。

《洪範》曰：「星有好風，星有好雨。」又曰：「月之從星，則以風雨。」注云：「箕星好風，畢星好雨，月經於箕則多風，月離於畢則多雨。」此占法也。而孫子火攻之法，乃曰：「起火有日」，日者，月在箕、壁、翼、軫也，四宿者，風起之日也。自箕之外，又有壁、翼、軫三星好風焉。意者風角等占，自有一家之説耳。

日月薄食，曆家可以預定。頃在館中，食前一日，差館職按驗時刻分數，無甚差忒。若地震，未聞有預定者。晏子語栢常騫曰：昔吾見維星絶，樞星散，地其動。騫對曰然。是觀天象可以知地震也。張衡造候風地動儀，柱外八龍，首啣銅圓，機發吐圓，知震之所在，嘗一龍機發，地震隴西。是數寓於銅儀，可以前定也。二者之法，今無傳焉。

班史有旬歲、旬月，解者或有兩説。翟方進爲丞相司直，「旬歲間免兩司隸」。注云：「旬歲，猶云滿歲也。」至旬月，往往作十閲月。「田千秋爲大鴻臚，數月代屈氂爲丞相。」後云：「特以一言寤意，旬月取宰相封侯。」殆不止滿月而已。至揚雄上疏：「艾朝鮮之旃，援兩越之旂，近不過旬月之役，遠不離二時之勞。」以旬月爲近，二時爲遠，二時止六閲月耳，則旬月若止滿月，與千秋事又不同。

垂象著明，莫大乎日月，意普天之下同一象也。星流雨雹，不無偏異，若丹曦素魄，何有不同？古者十日並出，人皆見之。至漢延和元年正月，魏郡日食，而京師不見。《黄琬傳》。前趙劉聰時，三日並照。唐貞觀時，突厥境内五日並出，三月連明，而晉、唐不然。豈天之示警，有時特異，使人不可得而測耶？

古今涓吉【五】，外事用剛日，内事用柔日，如甲子爲剛，乙丑爲柔，至爲簡易。甲午治兵，壬午大閲，吉日庚午，既差我馬，皆外事也，故用剛日。丁丑烝，乙亥嘗，凡祭之用丁用辛，内事也，故用柔日。然社祭用甲，郊以日至，亦不拘也。後世術家既多互相矛盾，褚先生云：武帝聚會占家，問某日可娶婦乎？五行家曰可，堪輿家曰不可。又有建除、叢辰、天人、太乙，曆家凡七種，所言吉凶相半。制曰：「避諸死忌，以五行爲主。」今觀諸曆，一日之内有吉有凶，當如武帝主一家可也。鄭鮮之啓宋武「明旦見鑾人，是四廢日。」答曰：「吾初不擇日。」此亦可法。

陰陽家五行之説多有乖謬者，不可不辨。且黄帝二十五子，得姓者凡十四人，迨其後或以國或以官。又如姬姓，文昭武穆，周公之裔得國五十有餘，可同音乎？漢、唐賜姓爲劉，爲李，可同音乎？京房姓李，以律推之改姓京。陸羽不知姓，自筮得漸，遂姓陸。員半千祖劉凝之，慕伍員忠烈而更之。盛彦師祖奭苞，避漢元帝諱而易之。又可同音乎？今擇時日、論地理，猥曰某音吉、某音凶，知書者當勿用也。

明道撰家傳，上谷郡君侯氏初從，夫程珦爲廬陵尉，公宇多怪，家人曰：「有物擊鼓。」夫人曰：「有椎乎？可與之。」家人不復言怪，怪亦不復作矣，遂獲安居。

淳熙丁未，京魏公充報謝使至汴京，金人設宴張樂，公以方有國恤力爭之，至厲聲

【五】古今涓吉　原無此四字，據《説郛》本補。

云：「若不撤樂，但來斫取頭去。」自朝及晡，麾三節人出，留汴十日，金人竟不能奪。歸未渡淮，八廂飛申已徹上聽。上語宰執曰：「京鏜爭樂，至留汴十日。士大夫好論名節，遇事方見。此一節可取。」曁入見，撫勞再三。翌日，御札「京鏜將命執禮可嘉，可特除權工部侍郎。」

元魏太史問周宣曰：「吾夢芻狗，何也？」宣曰：「君得美食。」再問如初，宣曰：「君墮車折足。」後又問如初，宣曰：「君家失火。」所言皆驗，太史曰：「吾皆不夢也。」宣曰：「此神靈動君使言，與真夢無異耳。」

梁天監中因魏降人王足之言，遏淮水灌壽陽，勞役費用不可勝計，百里内木石俱盡，負檐肩穿，疫死枕籍。本欲病人，適以自病。水既瀰漫，魏人築城於八公山，以備城壞，堰破而城存，未必不墮魏人反間之計。姚察乃曰：「鎮星守天江而堰興，退舍而堰決。」如此却是天啓其爲，以殞十萬人性命，豈其然歟！

今之累朱漆而刻畫爲紋，以作器皿，名曰「犀皮」。意海犀之皮必不如是。《匈奴傳》文帝遺單于黄金犀毗一，注云「帶鉤也」。按「毗」字，訓厚訓輔，若他無所本，當作此「毗」字。

周亞夫東擊吴、楚，至霸上，趙涉説曰：「吴王必置人於殽、澠之間，何不從此右去，走藍田，出武關，抵洛陽。諸侯聞之，以爲從天而下。」如其計，果破吴、楚。曹操征鮮卑，軍次無終，敵塞蹊要不得進。田疇謂曰：「若回軍從盧龍口越白檀之險，路近而掩其不備，蹋頓可不戰而擒。」操以疇爲引導，遂克之。劉裕伐慕容超，廣固城側有五龍口，險阻難攻，元文謂裕曰：「宜塞五龍口。」裕從之，遂擒超。三者皆用人謀，得地利，成功若是之速，故用兵不可無嚮導也。

河圖之數，種放得於陳摶。戴九履一，左三右七，二四爲肩，六八爲足，五居其中，取白、黑、碧、緑、黄、赤、紫配之，以定吉凶，謂之九宫。詳考此法，正今之順飛九宫也。吉凶有辨，其來尚矣，外此俗禁，宜無拘泥。

乾道辛卯，江南赤旱，王寧爲武寧宰，務從寬厚，號王佛子。至是惡少强取人米穀予家，充里正擒逃軍林姓者解之縣，寧命敲折手足以示衆，鄉邑帖然。《成都丙記》云：乾道三年，邛州不熟，浦江宰邵隆年捕得盜麥者，聞於州，太守馮覺不理，因此攘奪羣起。茶馬張茂材領馬綱之卒及成都禁兵至延貢鎮，搜匿姦渠魁殺之，詿誤者給牒遣歸，俗乃安妥。宣撫司奏，其事始於邛之安仁。有旨馮覺及通判蒲瑑各鐫三官放罷，安仁宰宋琛追官，編管五百里，茂材賜詔奬諭。戢姦亦救荒之切務也。

惠州《羅浮山圖》，陳文惠公讚序謂：「浮山即蓬萊別島，堯時洪水浮至，依羅山而住。」唐圖志如之。段成式《雜俎》：齊郡歷山上有一小山，鐵鎖纏繞，世傳海神鎖之，索斷飛來。予謂山峙而靜，無遠徙之理，如靈隱寺前飛來峯，所傳皆誕也。

丁公嘗窘高祖，高祖曰：「兩賢豈相厄哉！」既得天下，丁公謁見，帝曰：「丁公爲臣不忠，使項羽失天下。」戮之以徇。司馬温公取其示人臣以禮義。然鴻門之會，項莊舞劒，欲擊沛公，項伯以身翼蔽之，脱高祖於厄，既得天下，乃賜姓封侯。同罪異罰，安在示人臣以禮義乎？

予嘗至襄陽，問唐時所貢庫路真。及倅廬陵，問所貢陟釐，士人皆不能曉。襄州出髹器，謂之襄樣，意其即此物也。

聖賢言性，毫釐不差，曰存性，曰率性，曰養性，勿忘勿助長之一意也。至揚雄曰：「學以修性。」夫天命之謂性，止可率而修之，率性之謂道，然後修其四端，施之於教。自惻隱充之，而爲博愛；羞惡充之，而爲得宜；辭遜充之，而爲品節；是非充之，而爲致和。而本然之性，未嘗以人力強揠之也。彼荀卿謂：「大心則天而道【六】。」夫道出於天而根於心，心大而後天，由天而至於道，理皆顛錯。朱文公謂揚雄言性，猶隔靴爬痒，愚謂荀卿尤甚。若王通以仁爲五常之首，性爲五常之本，道爲五常之一，荀、揚之所不逮也。

《唐書》贊封常清等曰：「主德耄勤」，節省「耄期倦勤」之語，則若老而尚勤矣。此太簡之過也。至當簡處又失之煩，如《張嘉貞傳》，玄宗欲拜嘉貞爲相，而忘其名，「夜分且半，閱章奏而得之。」夫夜分即是夜半，光武夜分乃寐是也，益以且半二字，贅矣。

作詩文之類，如用馬援事，但曰「伏波」則不可，須加一「馬」字乃是。蓋前漢已有路

【六】大心則天而道　原脱「則」字，據《荀子》改。

博德爲伏波將軍矣。見《史記·衛青傳》，「從霍驃騎軍有功，封符離侯。」

秦皇、漢武求長生之藥，卒無所得，可以監矣！而唐之憲、穆復爲方士所誤，李抱真鷃弁，不足多責，韓退之大儒，亦以丹自賊，何也？惟裴潾諫憲宗曰：「藥劑所以御疾，非常進之餌。」張皐諫穆宗曰：「神慮澹則血氣和，嗜慾勝則疾疢作。」藥以攻疾，無疾不用藥，真衛生之良方也。古詩有之，「服藥求長年，多爲藥所誤，不如飲美酒，被服紈與素。」

狄梁公使江南，毀淫祠千七百所。王仲舒爲江西觀察，有興浮屠祠屋者，悉驅出境。皆所以善俗也。

《列子》述孔子曰：「西方有聖人。」佞佛者以爲指釋氏而言，蓋妄也。《國語》姜氏曰：「西方之書有之，曰懷與安，實疚大事。」注云：「《詩》『誰將西歸』，『西方之人』，皆謂周也。」予謂孔子果有是言，謂昔文王也，於佛何與？至王通直指佛西方聖人，其學可知矣。

范祖禹作《唐鑑》，削武后本紀，每歲首書帝在房陵，自以爲用《春秋》之法。然唐沈既濟已建此論，請省天后紀，每歲首必書帝在房陵，太后行某事、改某制，紀稱中宗而事述太后，名不失正，事不違常。乃知范公正用其說，而歐陽公作紀，則述吴兢所撰史也。

《禹貢》揚州之地，「三江既入，震澤底定」，其於導漾導江，有北江、中江之別。孔安國云：「有北有中，則南可知。」又云：「自彭蠡既滙，江分爲三，入震澤。」按彭蠡既滙，乍分乍合，孤山而下同爲一江，以入於海，而震澤在姑蘇之東，故後世指吴淞江、錢塘江、浦陽江爲三江。《國語》子胥諫夫差曰：「夫吴之與越，三江環之，民無所移。」范蠡諫勾踐曰：「與我爭三江五湖之利者，非吴耶？」韋昭謂三江五湖皆在吴、越，爲可據矣。

予既辨三江爲吴、越之地，載觀《漢·地理志》云：「吴有三江五湖之利」，《溝洫志》云：「禹於吴則通渠三江。」其事益明。第松江，浙右視之熟矣，而浦陽江，實未之見。閲《元和郡縣志》，以浦陽江源出婺州浦陽縣西北四十里桑溪山，東入越之諸暨。然後悉知三江之所在。

荆公既自聖，而蔡卞翼成之，日録一書，專任私意，誣及祖宗。其生也，一爲侍講，建請坐之議；其没也，設爲坐像，受君父之拜。後雖釐正，猶廁從祠，本朝醇儒繼絶學、淑人心，不在從祀之列，而三經字説，簧鼓羣聽，學者至欲以黄昏湯洗其腸胃，乃獲與焉。正論安在！

荆公素有德行，劉元城稱之；平生不屈，故自奇特，程伊川重之。及觀陳公瓘《尊堯集》，則安石自聖，造爲神考聖語鄙薄君上，如曰：「朕仰慕卿道德」，如曰：「以朕比文王，恐爲天下後世所笑。」既無尊卑之分，他何足尚？吕誨彈章云：「大姦似忠，大詐似信。」老泉作論云：「不近人情，鮮不爲大姦慝。」是時新法未盛行，新學未甚廣，而切切言之。又韓魏公見其答楊忱一書，知其只爲一身，優於翰林，非宰相器。可謂有先見之明矣。

慶元間，鉅璫王德謙干紊朝政，京魏公欲去之。未發間，忽報宣鎖，次早入朝，乃德謙除節鉞。公不立班，知院何公澹不押麻。文武皆退，公上疏諫止，御札屢頒，不奉詔。翼日奏事，上曰：「聞祖宗時有此典故。」公奏：「真宗以此語王旦，旦力爭，乃別置使以處之。至徽宗朝，童貫以克復河湟，特令建節，中原淪没，實基於此。」上曰：「又聞非止童貫一人。」公曰：「其後譚戩、藍熙從援例得之，陛下曾不知三人者，皆不得其死。丐寢此命，庶保全德謙。」上從之。未幾竄之遐陬，草麻吴宗旦且有南康之行。

婦功不可廢，婦無公事，休其蠶織。周設九嬪，以教九御，而婦功之教甚嚴。公父文伯之母言，王后而下至列士之妻，或自成祭服，或自成朝服，未有無所事者。孔子賢之。而公儀休歸家見織帛，怒而出其妻，漢儒以爲美談。要之，不奪工女之利可也，盡廢蠶織可乎？

孫權聞曹丕受禪，問羣臣曰：「丕以盛年即位，吾不及之。」闞澤曰：「不及十年，丕其没矣。」以字言之，不十爲丕，果七年而殂。戴洋善風角，庾亮鎮武昌，問氣候，洋曰：「武昌山作八字，數不及九。」吴用壬寅來創營城，至己酉始下秣陵，陶公亦涉八年。或以名，或以山，定吉凶于一字，今之相字者類此。

漢田蚡殺灌夫事，上問朝臣，韓安國言：「兩人無甚别白。」蚡召安國載，怒曰：「與長孺共一禿翁，何爲首鼠兩端？」注云：「言嬰無官位版綬。」嬰，竇嬰也。嬰救灌夫，而長孺乃安國之字。以禿翁爲嬰，已自可疑，以禿翁爲無官位版綬，尤無意義。詳觀其文，蓋田蚡自謂與安國皆老成，言語當有決斷，不應持兩端耳。翁本老人之稱，而禿乃無髮者，如頭童之類。《明堂位》揭豆注：「齊人謂無髮爲禿揭。」

《張湯傳》：魯謁居使人告李文姦事，湯殺文。後謁居弟告其兄與湯、文事，爲減宣窮竟，湯自殺。叙其轉相怨仇，凡二百字，湯死之因曉然。《朱買臣傳》謂：因被湯淩折，遂告湯陰事，湯自殺，上亦誅買臣。則湯之死又若出於買臣，此史氏失於點檢。

顔、孟十哲【七】，子雖齊聖，不先父食。顔回、曾參子也，享於殿上，顔路、曾皙父也，祀於廊廡，没而有知，其歆祀乎？子思，師也，而列於下，孟軻，門弟也，而坐於上，其亦可乎？謂宜别立一堂，祀顔路、曾皙、子思，庶存名分。

士大夫從政，當行好事。唐韋丹爲江西觀察使，有吏主倉十年，覆其糧，亡三千斛，籍其家，盡得文記，乃爲權吏所奪。召吏曰：「汝恃權取之，罪也，與汝約一月還之。」及期，無敢違者。馬少保亮通判常州，吏有亡失官物，械繫妻子，連逮數百人。亮一切縱去，許自償所負，不逾月而足。官物既可復，而無刑罰之施，轉重爲輕，特一念間耳。

史之紀述，有一傳而相反者。漢《陳遵傳》前説「日出醉歸，曹事數廢」，後説爲校尉，

【七】顔孟十哲　原無此四字，據《説郛》本補。

嗜酒，「大率常醉，事亦不廢。」始以酒廢務，後復不然，何耶？唐《李吉甫傳》，前説再輔政而稍修怨，罷李藩宰相，而裴垍左遷；李正辭與蕭俛同召，獨用俛而罷正辭，人莫不畏憚。後又云：「畏謹奉法，不忮害，顧大體。」何耶？

淳熙間冷公世光爲殿院，因見，間語及譜系，不能詳究，第疑出於伶倫。蓋伶或作冷也，予閲漢《師丹傳》有冷褒者，論定陶共皇宜立廟京師事，正作冷字。解者不知姓氏，誤音作零。又《前趙録》有徐州刺史冷道，字安義。此冷氏之所自出也。

分寧，幕阜之陽，其水東流爲修水之源，幕阜之陰，其水西流爲汨羅之源。《唐郡縣圖志》：「岳州華容縣，汨水自洪州建昌縣界西流，經玉笥山及羅國故城，爲屈潭，即屈原懷沙自投之所，又西入湘水。」初疑此發於分寧，而玉笥山在新淦。及詳考之，建昌本隸洪州，武后長安四年，割建昌置武寧縣，德宗貞元十六年，分武寧西界置分寧縣，而玉笥則在湘陰縣東北，屈原嘗居其下，非新淦之玉笥也。

事有重出者，人見後之所紀，用之既熟，而本於前者往往略之。如「豺狼横道，不宜復問狐貍」，此前漢侯文對孫寶之言，後漢張綱有「豺狼當道，安問狐貍」之語，今人但指爲張綱埋輪事耳。「鷙鳥累百，不如一鶚」，此鄒陽諫吴王濞之言，孔融薦禰衡，實用其言。今之援引，但曰禰衡一鶚耳。如樊準薦龐參，亦曰「鷙鳥累百，不如一鶚」，皆祖鄒陽説也。

吉，贛地，近甌粤，其俗右鬼。父老言巫覡挾邪一登人門，妖怪隨至，當斥絶之。因觀漢武惑欒大之術，至封侯賜第。大夜祠於家，將以下神，神未至而百鬼集。乃信父老之言不誣。

梁任昉曰：「地中有獸名弗述，好食亡者腦，畏柏而不畏銅鐵。」段成式《酉陽雜俎》云：「罔兩好食亡者肝，而畏柏與虎，故植柏於墓，琢石爲虎，所以敺之。」按《周官·方相氏》「入壙，以戈擊四隅，敺方良。」注云：「罔兩也」。槨用柏、黄楊爲裏，表以石焉。然則柏之用於壙，植於墓，古矣。爲子孫者宜知之。

李義山《襍纂》有殺風景之語，謂「清泉濯足」、「花上曬裩」、「背山起樓」、「燒琴煮鶴」、「對花點茶」、「松下喝道」。予謂清泉濯足、對花點茶尚庶幾，背山起樓之外誠可笑矣。若山僧獻高茶，而取消風散調之，部使者惠方竹杖，乃規圓而漆之，亦殺風景之類也。俗言有「據錐刀之末」，叔向語也。「旁觀必審，當局稱迷。」此元澹所著《釋疑》也。

人之常談多有所本，如嚏噎，此《詩·終風》「願言則嚏」。《説文》「以知爲鞮，此《王制》西方曰狄鞮」。注云：鞮之言知也。《阮孚傳》有屏當皆去聲。不盡之言。

范石湖詩「草中科斗行如鬼」，科斗、水居，去尾生足，曰蝦蟆，乃上岸而跳梁。雀，微物耳，俗人常見，入沮洳化爲蝦蟆。

晝當作畫【八】

「孟子去齊，宿於晝。」晝當作畫，字之誤也。按《史記·田單傳》：「聞畫邑人王蠋賢」，劉熙註：「畫音澮，齊西南近邑也。後漢耿弇討張步，進軍畫中，遂攻臨淄拔之。」即此可證。

注書未是

《左傳》昭公二十四年，萇弘引《泰誓》曰：「紂有億兆夷人，亦有離德；予有亂臣十人，同心同德。」杜預注云：「今《泰誓》無此語。」按《泰誓》中篇實有之，但「離心離德」改爲「亦有離德」耳，預豈偶忘之耶？

郭公

《春秋》書「夏五郭公」，人皆以爲闕文。「夏五」固無可疑，至「郭公」，胡氏以爲「郭亡」，蓋齊桓有郭何故亡之問，父老有善善惡惡之對。然以「公」爲「亡」，疑其未然。按《春秋》書有「蝝」有「蜚」，謂昔無而今有也，至「螽」之一字，僖、文、宣、哀之世，凡六書之，而無它説。以此爲例，恐「郭公」亦止是一物，直書之以記異爾。《本草》布穀一條，江

【八】原無以下五條，據《説郛》本補。

東呼爲郭公。豈此物邪？

刑天

洪内翰語靖節詩：「刑夭無千歲」，當作「刑夭舞干戚」，字之誤也。周益公辨其不然。按段成式《雜俎》：「天山有神名刑天，黄帝時與帝爭神，帝斷其首，乃曰：『吾以乳爲目，臍爲口。』操戈戚而舞不止。」則知洪説爲是。

干姓

干、于皆姓也。干，古寒切，《千姓編》云：「望出滎陽、潁川，宋有干犨【九】，晉有干寶著《搜神記》。」于本姓邘，周武王子邘叔之後【一〇】，子孫去邑爲于。漢有于定國，魏將軍于禁，望出東海河南。是于與干爲二姓甚明。今《晉書·干寶傳》書干作于，《文選·晉武革命論》則云于令升，諸書引《搜神記》則云于寶，《周禮記》則云于寶，字畫之差，相承之久，遂至無辨，良可嘆也。

【九】宋有干犨　「宋」原作「朱」，據《春秋左傳注疏》卷五十、《叢書集成》本改。

【一〇】周武王子邘叔之後　「武」原作「叔」，「邘」原作「邗」，據《元和姓纂》卷二改。

⊙車若水 撰

脚氣集

李偉國 田芳園 整理

點校説明

《腳氣集》二卷，車若水撰。若水（一二一〇—一二七五）字清臣，號玉峰山民，台州黄岩謳韶（今屬浙江）人。南宋台州十大儒之一，著名理學家。其家學源遠流長：曾祖父車瑾、祖父車似慶都是聞名的學者，父親車倬才高學博，爲鄉里所倚重。車若水與其從兄車垓皆受業於季父安行，安行受業於陳植，植受業於朱熹。

車若水貌清臞似山民，讀書好古，多卓識。初從陳耆卿學古文，晚改師陳文蔚，後從杜範遊，於是潛心理學，又與黄超然一起，往來於著名學者金華王柏之門，得聞晦翁緒論，深得朱子「三傳」之學。台州知府趙景緯以遺逸薦，吏部侍郎楊文仲又以名士與王柏並薦，丞相賈似道再聘入史館，都婉言謝絶。台州知府王華甫禮聘爲上蔡書院主講，則欣然應聘。車若水死後，《黄岩縣志》和《台州府志》均爲之立傳。所著有《道統録》、《世運録》、《宇宙略紀》、《敬齋記》、《玉峰冗稿》，晚作《腳氣集》。

據車若水從子車惟一跋，《腳氣集》成書於咸淳甲戌（一二七四），因病腳氣作書自娱，故名。其著作皆毁於兵火，惟此書保存下來。内容涉及周代至南宋有關經學、理學、文學、歷史、天文、地理、政治、經濟等。《四庫全書總目提要》評價頗高：「論《周禮·冬官》，譏俞庭椿斷定攙置，其説甚正。」「其論史，謂諸葛亮之勸取劉璋，爲申明大義。」「論《周禮・載師》園廛之征，非田賦之制，駁蘇洵説之誤，論《春秋》蔑之盟，主程子盟誓結信、先王不禁之説，及宋人盟於宿，主《公羊》以及爲與之説。宰咺歸賵，主直書天王，而是非自見之説，均有裨經義。」

此書版本有：明萬曆繡水沈氏刻本；《寶顔堂秘笈》本，民國十一年（一九二二）上海文明書局石印本（以下簡稱民國本）；續《説郛》本，宛委山堂本；清同治十年（一八七一）王棻校刻本（簡稱王本）；涵芬樓藏版（簡稱涵本）。

據涵本夏敬觀跋：寶顔堂、四庫所刊《脚氣集》都來自「元代管而敏家所藏華亭孫道明録傳之者」。涵本從《四庫全書》傳寫印行，後有車若水從子惟一跋。

這次整理，以寶顔堂明刻本爲底本，同時校以文淵閣《四庫全書》本（簡稱四庫本）、王本、涵本及民國本。從《四庫全書》本録出車若水從子惟一跋附於書後。

【一】反不肯做齊威晉文事業　「威」，係避宋欽宗趙桓諱。

【二】其尊周之理便在此了　「了」，涵本作「乎」。

卷上

潘默成《磨鏡帖》甚佳，帖云：「僕自喻昏鏡，喻書爲磨鏡藥，當用此藥揩磨塵垢，使通明瑩徹而後已。倘積藥鏡上，而不施揩磨之功，反爲鏡之累。故知托儒爲奸者，曾不若愚夫愚婦也。」

夫子誅諸侯無王，孟子勸諸侯爲王，諸儒安得無疑？孟子卑管、晏，陋霸道，乃與公孫衍、張儀之徒，異口同音，共攛掇諸侯爲此事，反不肯做齊威、晉文事業【一】，方道周室衰微，與孔子時不同。當時韓、趙、魏、齊列爲諸侯，尚皆待有王命，其間要霸者，必去朝周，諸侯又何曾不知是箇共主？只有楚無狀，其自殷、周以來如此，不足怪也。孟子固有説矣。當時諸侯欲王之意不可遏，四方游説之士無不向上稱説，尚以王爲下，而欲爲帝。若孟子勸其循諸侯之禮，豈足以回其膠固之心？孟子嘗説「好貨」、「好色」事，乘時君之趍向而語之，勸行王政，即此意也。要行王政，須從理義做來，自農桑上做家計起。當其做家計時，便是五十可以衣帛，七十可以食肉，斑白不負戴於道路。件件有箇長上，家家有箇長上，此時終不勝滅周而改物，又終不勝與周而並王，其尊周之理便在此了【二】。便自有不容已者，便可興周，周便可爲政於天下。此孟子之志也。好貨、好色且不與他較，待其仁義之説行，時君之心轉移，一洗舊習，相與維持，一本作新。件件蟬蜕矣。孟子此意只是不説，只漏泄數句，曰：「子噲不得與人燕，子之不得受燕於子噲。」又曰：「唯天吏則可以伐之。」何曾無周？

自晉承曹魏之後，迤邐相承，皆曹氏之禪代也。於是二三百年無公論。二三百年無公論，則公論已矣。此諸葛孔明、孔北海之徒，每遭詆議，有善則没之，如取劉璋事，埋没來歷，後又只説孔明不是【三】。

李文靖公宗勉。爲守於台，與陳文逸民飲玉霄亭上，良久，忽移過君子堂，陳文告曰：「此間不如玉霄之爽。」文靖曰：「下面人家擲骰賭博，爭注諠譁，姑避之。」尋常事至而應，不要先有心靖。一作清。

東坡説蔡琰《悲憤詩》非真極看得好。然《胡笳十八拍》乃隋、唐衰世之人爲之，其文辭甚可見。晦菴乃以爲琰作，何也？載之《楚詞》【四】。

《堯典》「克明俊德」，孔氏注以爲「賢俊」。《大學》「克明俊德」，康成以爲「大德」。大德在我，方合自明之意。按《大戴禮》，正月「時有俊風，俊者，大也。大風，南風也」。何大乎南風也？合冰必於南風，解冰必於南風，生必於南風，收必於南風，故大之也」。「俊」訓大可見。

唐明皇天寶之事，詩人極其形容，如《長恨歌》全是訕笑君父【五】，無悲哀惻怛之意。

【三】後又只説孔明不是　「又」，涵本、王本作「人」。

【四】晦菴乃以爲琰作何也載之楚詞　涵本無「何」字，王本作「晦菴乃以爲琰作載之楚詞後語何也」。

【五】全是訕笑君父　「訕」，文淵閣《四庫全書》本作「調」，涵本作「譏」。

《連昌宮詞》差勝，故東坡喜書之。杜子美《北征》云：「憶昨狼狽初，事與古先別。奸臣競葅醢，同惡隨蕩析。不聞夏殷衰【六】，中自誅褒妲【七】。」讀之使人感泣，有功名教。

《桑中》等篇，朱子《詩傳》之說已當。先曾與東萊議論，東萊力以爲詩人所刺，晦菴辨之不信也。先祖論【八】，嘗謂聖人不應收此邪詩於三百篇，則邪詩之說，先祖固言之矣。先祖自信其家學，不曾往見文公。因讀楊誠齋文字，不樂，遂并同時諸書皆不過目，然其所見，乃暗與文公合。其稍異者，則文公云：「夫子取之爲戒，如聖人固不語亂，而《春秋》所記，無非亂臣賊子之事，蓋不如是，無以見當時風俗事變之實，而垂戒於後世，故不得已而存之。」先祖則曰：「今永嘉謂山歌爲邪詩，周道衰，綱常毁敗，淫靡胥淪【九】，正聲不發於人心，而邪詩充悦於人耳。詠之愈多，傳之愈廣。夫子删其蕪穢，筆之簡册者，皆正詩也。而邪詩入一作習。熟於時人之口耳，布傳於室家之簡册者，猶在天下。夫子豈能删之哉？秦禍之酷，天地否塞。漢興以來，諸儒收拾殘編斷簡於壞亡之餘，補綴遺逸，而《詩》之三百大抵不全，取天下口傳之詩，以補秦火之餘，非夫子所删三百之全文也。」又文公不盡信《小叙》，先祖亦謂《小叙》爲漢人專門名家之辭，其意亦同。文公嘗謂李敬室杞云：東萊以《桑中》、《溱洧》爲刺淫奔之詩，「婺州若有人淫奔，東萊何不作一詩刺之？」此語又簡而明矣。

《家語》雖俚僞雜揉，猶是當時文字，去聖人未甚遠，不比《孔叢子》，其載周公冠成

【六】不聞夏殷衰　「衰」，原作「表」，據王本、涵本改。

【七】中自誅褒妲　「自」，原作「有」，據王本、涵本改。

【八】先祖論　涵本作「先祖所辨論」，王本作「先祖五經論」。

【九】淫靡胥淪　王本「胥淪」倒，王本校勘記：元倒，據別本乙。

王，命祝雍作頌曰：「令月吉日【一〇】，王始加元服。去王幼志，心衮職【一一】此句必有闕文，《大戴禮記》亦有，文不同。欽若昊天，六合是式，率爾祖考，永永無極。」今《儀禮·士冠禮》大畧正同，《儀禮》久不出，即此可證爲周公古時傳流之書【一二】。又即《儀禮》可見《家語》雖後時俚人所録，亂説自有之，終與《孔叢子》不同，《孔叢子》句句僞。

永嘉鄭伯謙云：「天官之職，自玉府、内府而下，今皆收入内藏庫；自宫人、掌舍以下，今皆收入修内司；自醫師、食醫以下，皆入御藥院；自膳人、庖人而下，皆入御前供奉。自漢、晉以後，先王所以招使士大夫在宫内者，稍稍推出，却將天子服食掌於外朝者，稍稍引入。」伯謙字節卿。

「任重而道遠」，「任」當作平聲。孟子曰：「門人治任將歸。」「任重」謂「仁以爲己任」，擔子重也。「任重」是「治任」之任；「仁以爲己任」，則是任天下之重之任，「任」却作去聲。

潘子善先生乃吾邦人，曾有詩云：「老大倦追隨，得坐且終日。所以見春去，亦不甚愛惜。」予甚詠之不置。咸淳癸酉六月，塘下戴正子訪予，出其先公詩八句云：「幽棲纔一室，意足便爲安。片石星霜老，八牕風月寒。已無蝸角累，自號鹿門看。清夜誰同語，横琴試一彈。」此詩亦佳。今人只識花言綉語，便相傳諷佳句，豈知此哉？

聖人曰：「知我者其惟《春秋》乎？罪我者其惟《春秋》乎？」胡文定曰：「知孔子

【一〇】令月吉日　「令」，原誤作「今」，據《孔子家語》卷八等改。

【一一】心衮職　「衮」，原誤作「哀」，涵本、王本均注「恐當衮」，王校勘記：元校云此句必有闕文，今案《家語》作「心衮職」，則「衮恐當」三字疑衍，《大戴禮》文與此不同。

【一二】即此可證爲周公古時傳流之書　「傳流」，王本作「流傳」。

者，謂此書遏人欲之横流，存天理於既滅，爲後世慮至深遠也。」此說是矣。又曰：「罪孔子者，無其位而托二百四十二年南面之權，使亂臣賊子禁其欲而不得肆，則戚矣。」此語非也。聖人豈顧亂臣賊子之戚哉！知我、罪我皆說後聖。《春秋》，天子之事，聖人作之，後聖不容不罪，罪至於後聖，當此時又自作《春秋》。

沈繼祖醜詆晦翁，以求官爵，自不足道。李果齋作《年譜》備載之，謂削之反涉忌諱。此說不然，《汲冢書》所謂舜囚堯，禹放舜之類。千載而下，忽然有箇輕薄子如劉知幾者，出來與之敷演，雖曰無傷於日月之明，然害理不少，害人心不少。曹操曰：「舜、禹之事，吾知之矣。」若當時見劉知幾許多說話【一三】，豈不更無籍耶？

東坡云：「夫畫竹必得成竹於胸中，執筆熟視，乃見其所欲畫者，疾起從之，振筆直遂，以追其所見，如兔起鶻落，少縱則逝矣。」此語甚妙，豈但畫竹？

天地本黑也，以日爲光；本寒也，以日而暖。日入則復黑，日遠則復寒矣。而一作爲。

胡氏謂：「周之至德，不但稱文王，亦稱武王。」是也。武王十二年前【一四】，皆是事殷之時，至謂「誠使文王無廣周於天下之心，曷不專守分地而取其三分之一乎【一五】？」此語大不然。三分天下有其二，謂人心歸之也。豈割據之比乎？戡黎勝之而已，伐崇降之而已，非闢地也。大會于孟津，不期而至者八百國，果歸周之多也。

《孟子》「集義」章，先儒被孟子說揠苗處多了，將謂是告子「助長」，然告子正是不曾

【一三】若當時見劉知幾許多説話　「知」，原作「伯」，據涵本、王本改。

【一四】武王十二年前　「十二」，涵本、王本作「十三」。

【一五】而取其三分之一乎　「一」，王本、四庫本作「二」。

集義，惟恐助長，只待義自外來襲。一本無「外」字。所謂「不得於心，勿求於言，勿求於氣者」也。孟子「必有事」了方説「勿正」，「勿忘」了方説「勿助長」，耘苗了方説「揠苗」，次第甚明。但其説揠苗處詳，人遂謂孟子以揠苗之戒爲重，掉了告子真病。

「不得於言，勿求於心，不得於心，勿求於氣」，此告子求不動心之法，自以爲善也。孟子則不然，「不得於言，必求於心，有得於心，不求於氣」，終而至詖淫邪遁，開口便覺，則告子之「不得於言，勿求於心」者，不足道矣。行之既熟，渾身是理，理充而氣浩然，視告子之區區護此氣而不敢動者，又不足言矣。是道也，要緊在必有事與勿忘上工夫自到，又不可責近效。所謂「大段著力不得」者也。大段著力，則氣壹動志，前功不保矣。勿正是爲常有事者言也，勿助是爲勿忘者言也，揠苗爲已耘苗者言也。不曾耘苗，苗艸相亂。將見艸長而苗不存，又何苗之可揠乎？告子不肯做必有事與勿忘功夫，只願勿正、勿助，其曰「不得於心，勿求於氣」，是欲勿正、勿助也。其曰「不得於言，勿求於心」，是不曾有事、勿忘也。不知集義果然，但欲勿動此氣，此後世釋氏之不動心，非儒者之不動心也。孟子謂其「不得於心，勿求於氣」，此是其勿正、勿助之意，未爲全不是，但以義爲外，不曾於知、格上下工夫。不得於言，未嘗求之於心，不思義理在心，却待於應接處聽道理，見成自從外來，所謂「彼長而我長之」，裏面全無一事，是欲義自外來襲而取之也。既無集義，不知自反，直與不直，區區求保此氣亦難矣。如此，則不但人之蔽陷離窮，不可得而知，而我之詖淫邪遁，亦不自覺矣。此二章是癸酉八月所書，今録于此。

濂溪不言知、格，徑説定之以仁義中正而主靜，已上皆知、格也。厥彰厥微【一六】，匪靈弗瑩，其知、格也，至矣。定之仁義中正則着實主靜，則立本，其知、格也，至矣。

四子言志，夫子自先定四子之次第矣。子路率爾而對，夫子亦知其必然矣。據次第而問，始及於晳也。伊川先生云：「子路之志，亞於曾點。」蓋其所言雖不讓，却是真實，此意千古未有人説。人見夫子哂子路，便道子路不如諸子，朱文公謂：「求赤皆退讓，却因見子路被哂後如此，到底子路是真。」斯言尤爲著明。可使有勇，是作其忠義之氣【一七】。

友人王賁，字藴文，今之隱君子也，今亡矣。其曰：「『惟求則非邦也歟』以後皆聖人之言，非曾晳之問。」此語確然可信，曾晳不應如此問，其問無味。

古云：「虎狼知父子【一八】。」只有母子，無父子也。獸知母而不知父，父亦不能知子，但其母見從他身上出來，自惜。

《六月》：「王于出征，以匡王國。王于出征，以佐天子。」「于」曰「也」，王命也。《左傳》載：楚自克庸以來，其君討國人而訓之于民生之不易，于勝之不可保，即此「于」字。「于三十里」則是語助【一九】。

自漢高祖自爲新樂，於是二《南》、《雅》、《頌》不復有人習，惟一制氏能知雅音，而不通其義【二〇】，古音浸亡。魏武平劉表，得漢雅樂，即惟知《鹿鳴》、《騶虞》、《伐檀》、《文

【一六】厥彰厥微　「彰」，原作「章」，據涵本改。

【一七】可使有勇是作其忠義之氣　民國本爲大字。

【一八】虎狼知父子　「知」，原作「之」，據涵本改。

【一九】于三十里則是語助　「于」原脱，據涵本、王本補。

【二〇】惟一制氏能知雅音而不通其義　「氏」，原作「民」，據涵本、王本改。

王》四篇。明帝太和末，又亡其三，惟《鹿鳴》尚存，至晋而《鹿鳴》亡矣。只有文在方册中，無其聲矣。文中子援琴鼓《蕩之什》，蓋妄言也。

太宰以九職任萬民，無一人游手，無一人失業。「中也，養不中；才也，養不才，故人樂有賢父兄也。」此父兄便是前輩長上。

高祖不讀書，其歌云：「大風起兮雲飛揚，威加海内兮歸故鄉，安得猛士兮守四方。」又云：「鴻鵠高飛，一舉千里，羽翼已就，横絶四海，横絶四海，又可奈何【二一】，雖有矰繳，尚焉所施【二二】。」陳後主是做文章人，其辭云：「秋風動竹，煙水驚波。幾人樵逕，何處山河。今時日月，宿昔綺羅。天長路遠，地久雲多。」亡國之音與興國自别。

曾子曰：「自反而縮，雖千萬人吾往矣。」便與顔子不同，顔子自反而縮也不往。

劉漫塘云：「向在金陵，親見小民有行院之説。且如有賣炊餅者自别處來，未有其地與資，而一城賣餅諸家便與借市，某送炊具，某貸麪料，百需皆備【二三】，謂之護引行院，無一毫忌心。」此等風俗可愛。

孟子道性善，言必稱堯、舜，不獨是將堯、舜來證性善，正是將堯、舜望天下之人。其曰：「世子疑吾言乎？」又曰：「彼丈夫也，我丈夫也。」「舜何人也？予何人也？有爲者亦若是。」是世子是慊愧了不敢望堯、舜【二四】，故有是説。

《禮運》首章載孔子言「大道之行，天下爲公」，至於「大道既隱，天下爲家」，始以「城

【二一】又可奈何　「又」，涵本作「當」。

【二二】尚焉所施　「焉」，涵本作「安」。

【二三】百需皆備　「備」，涵本、王本作「裕」。

【二四】是世子是慊愧了不敢望堯舜　「是」，涵本作「因」。

郭溝池爲固，禮義爲紀」，禹、湯以後，六君子皆由於此。不知自有天地，便有五行，便有禮義。鴻蒙之世，人未甚覺知。伏羲、堯、舜有作天叙、天秩，始焕然於天地之間。後來六君子因修而用之，豈曰大道既隱，方將禮義出來用，且與城郭溝池並言，離禮義以言道，是老子之言也。太古之世，生民如野鹿，民至老死不相往來，則誠有之。而謂「不獨親其親，不獨子其子」，皆作一箇籠統，則亦未必然。

「夫子之得邦家，立之斯立，道之斯行，綏之斯來，動之斯和」，便是堯、舜氣象。生者得其所以生，死者得其所以死，便是堯、舜之民。榮者，生之理也。哀者，死之理也。

趙幾道説「誠無爲，幾善惡」，作一圖，上寫一誠字，直落寫箇善字，偏旁一絲寫箇惡字，以惡是誠之庶孽，善是宗嫡。友人沈可亨疑之以問。此疑甚善，幾道自謂「可勝胡氏同體異用之説」，不知其尤非也。且如喜怒哀樂未發謂之中，當其未發，只是至善。至於發時，如有中節與不中節【二五】。中節者，是不走作這中；不中節者，是走作這中，却不是這中。先生箇中節，旋生箇不中節。如水之清，有以濁之，不是當初帶得這濁來，若是庶孽，須亦從他身上出，不枉屈【二六】。

「魯之郊禘，非禮也，周公其衰矣」，是聖人之言；「杞之郊也，禹也。宋之郊也，契也」，非聖人之言，是後人發明。因而遂以爲聖人之言耳。二王後安得有郊？周既改物，禹、湯便不配天。若説後來有僭，則杞用夷禮，漸習鄙陋。宋以《桑林》享晉侯。《桑

【二五】如有中節與不中節　「如」，涵本、王本作「始」。

【二六】不枉屈　涵本作「豈不枉屈」。

林》，殷天子之樂。苟瑩以爲非禮之罪【二七】。猶有鬼神，宋宜當之，見得是宋自僭，又見得宋不當僭，又見得非宋所常用。杞、宋之郊，無明文。殷之未喪師，克配上帝。帝既喪師後，如何又配？

春秋時，吳、越分界自在今日嘉興之境，春秋，於越敗吳於雋里。雋里，乃越地【二八】，正嘉興也。錢塘江乃是越地。吳投子胥於江，何曾是錢塘，今乃謂「潮頭爲子胥怒潮」，吳山祀子胥，王不安【二九】。王荆公碑亦説錯【三〇】。五代僧《錢塘》詩云：「到江吳地盡，隔岸越山多。」不知界至。

曾子曰：「慎終追遠，民德歸厚矣。」《集註》云：「終者，人之所易忽。」親終之時，痛苦哀迷，則於必誠必信，勿之有悔焉者。必有精神不到，照管不及者矣。此忽非輕忽之忽，乃《楚辭》荒忽之忽。當此之時，須當加謹，無一毫可悔，是謂謹終。

黑水逾河而至于南海，濟逾河而溢于滎。後世都無異論，是有此理。《禹貢》載四海九州，無限路程，不悮一字；孟子説兩句，便有一句誤。「排淮泗而注之江」，當時淮未曾通江，後來吳王開邗溝然後通江。紀載與議論不同，議論得實固好，若誤些少，不以文害辭，主意不在此句。紀載則不可。

天下有貴物乃不如賤者，只如眼前海菜以紫菜爲貴，海藻次之，海藻所謂大菜也，苔爲下。紫菜爽口，乃發百病。大菜，病又可食【三一】，苔之好者，真勝前兩菜，且無查滓。

【二七】苟瑩以爲非禮之罪　「瑩」，涵本作「罃」。

【二八】春秋於越敗吳於雋里雋里乃越地　王本「雋」作「檇」。

【二九】王不安　「王」，涵本、王本作「正」。

【三〇】王荆公碑亦説錯　「王」，原作「正」，據涵本、王本改。

【三一】病又可食　「又」，涵本、王本作「人」。

《本草》謂其能消食也。貴公子只是喫貴物。

伊川先生云：「《春秋》所書，事同則辭同，然有事同而辭異者【三二】，蓋各有義，非可例拘也。」真至言也。此說自衛州吁發。

「蓋有不知而作之者，我無是也。多聞擇其善者而從之，多見而識之，知之次也。」此章正與「我非生而知之者，好古敏以求之者也」同意。聖人此說甚多，「不知而作」與詩人「吾豈不知而作」不同，乃是「不勉而中，不思而得」之意。其言曰：固有聖人天縱，從容中道，不待知而作，我不到此地位也。我只是學而知之，多聞擇其善者而從之，多見擇其善者而識之，所以能有所得，我非生知，知之次也。此意甚分明。「擇其善者而從之，其不善者而改之」不復又下「擇」字，「多見而識之」不復又下「擇其善者」四字。自是作文之法。「如切如磋者，道學也；如琢如磨者，自修也。」不必更說「道」字。古人文字如此甚多。

《周禮・冬官》不亡，散在諸官之中，而《地官》尤多。自編帙散亂，俗儒補緝，不得其說，不識《周禮》所謂天官、地官者是如何，遂以田野諸職並附《地官》，如此則「馮相、保章、挈壺」之類皆可附《天官》耶【三三】？金叔明作《周禮十疑十答》，用意勤甚，予遂授以俞氏《復古編》。《復古編》者，蓋著《冬官》不亡，將《周禮》舊本再一證一本作正之。叔明得之甚喜，董華翁又辨《復古編》之不可憑。此是忠厚不欲輕動古書之意。予後來會叔

【三二】然有事同而辭異者　「者」，原作「書」，據涵本、王本改。

【三三】則馮相保章挈壺之類皆可附天官耶　「保」，原作「寶」，據涵本、王本改。

明云：《復古編》甚是。某又與之考，有一證據甚佳。《周官》三百六十，今已存三百五十，只亡其十，豈可謂《冬官》亡也？此説痛快，但《冬官》之不亡，只可説數句，證以《地官》，使人自曉自推足矣。俞氏乃斷定撥置此在《天官》，此在《地官》，此在某官，以二千餘載以下之凡夫，而妄意聖人之述作，其不審如此，蓋其淺淺之爲人，偶得此説，喜不自持，不覺成此。其爲此説之累多矣。

「惟十有三年春，大會于孟津。」蔡《書傳》以爲建寅之月，張主一《春秋傳》引《書叙》：「一月戊午，以爲建子之月。」程子《春秋傳》：「『春王正月』，正月非春，假天時以立義。」此説至正。張主一乃以爲非，却又云：「天統建子之月，陽氣潛萌於黄鍾之宫。此天之所以爲天【三四】。而萬物之所由生也。」獨不謂之天統之春乎【三五】？正不必如此巧説。

漢時，士大夫奏事，宫中要便入來，只是不到後庭。所以公孫弘燕見武帝，或時不冠，又不冠不見汲黯，此猶是《周禮》古意。自武帝以宦者典章奏，而士大夫遂疎，後來門禁森嚴，全隔絶矣。於是親宦官宫妾之時多，親士大夫之時少。

《詩》：「誰謂荼苦，其甘如薺。」荼，苦菜也。《周禮》：「掌荼以供喪事，取其苦也。」東坡詩云：「《周詩》記苦荼，茗飲出近世。」乃以今之荼爲茶。茶，今人以清頭目。自唐以來，上下好之，細民亦日數椀，豈是荼也？茶之麄者是爲茗。

【三四】此天之所以爲天　「天」原闕，據涵本、土本補。

【三五】獨不謂之天統之春乎　「春」，原作「萶」，據涵本、王本改。

「夫子失魯司寇，將之荆，先之以子夏，申之以冉有。」讀此使人失笑，「喪欲速貧，死欲速朽」，不成説話。死不欲速朽，亦不成説話。

《周禮》亂失，既以司空土地之事屬《地官》【三六】，且并掌染、角人、羽人、掌葛諸職，皆强附之。若果如此，其嫳掌邦教也【三七】，又甚矣。尚可爲之説曰「富而教之」【三八】，此何爲者耶？

子服惠伯曰：「《易》不可以占險。」横渠先生曰：「《易》爲君子謀，不爲小人謀。」事之善惡，人之靈，未嘗不知其不善之事，敢以謀之鬼神，其假爾，太筮有常之時，亦須囁嚅。

唐小説載隋煬帝昏淫狂肆，恍惚見陳後主曰：「每憶與張麗華憑臨春館，作《璧月詞》未終【三九】，而韓擒虎兵至，遂至今日。始謂君致治堯舜之上，今日還此佚游，曩時何見罪之深也？」莫管此説真僞，真是問得好，然晉王廣之得帝位，自是造物之所不容。陳後主之鬼，依然未識大處。

百物勞動之後，須有安息之時，故曰：「朝以訪問，晝以聽政，夕以修令，夜以安身。」豈特人哉？精神會有倦時。予家側有鸌鳥來巢，母子相呼，其聲喋喋，無夜無晝，何其健也？百鳥皆不然。

婦人纏脚，不知起於何時，小兒未四五歲，無罪無辜而使之受無限之苦，纏得小來不知何用。後漢戴良嫁女，練裳布裙，一本作被。竹笥木屐【四〇】，是不干古人事。或言自唐

【三六】既以司空土地之事屬地官　「土」，原作「上」，據王本、民國本改。

【三七】其嫳掌邦教也　王本、涵本「嫳」作「褻」。

【三八】尚可爲之説曰富而教之　王本此句前補「土地之事」四字，並校云：「『土地之事』四字元脱，今據文義補。」

【三九】作璧月詞未終　「璧」，原作「壁」，據涵本、王本改。

【四〇】竹笥木屐　王本「笥」作「筒」。

楊太真起，亦不見出處。

王右軍帖，多於後結寫「不具」，猶言不備也。有時寫「不備」。其「不具」，艸書似「不一一」，蔡君謨帖並寫「不一一」，亦不失理。然則專學精到者，亦有誤看邪。

《載師》：「國宅無征，園廛二十而税一，近郊十一，遠郊二十而三，甸稍縣都皆無過十二，惟其漆林之征二十而五。」此《太宰》九賦之征【四一】，一曰邦中之賦，二曰四郊之賦，三曰邦甸之賦，四曰家削所教切，家田也，一亦作「稍」。之賦，五曰邦縣之賦，六曰邦都之賦，與關市、山澤、幣餘，通而爲九，而以財賄爲斂，與助徹之法迥不相干。而蘇老泉乃謂：周自以十一名其實取於民者，自重漸輕而至十一耳。蓋惑於前面以某田任某地，而以爲田制也。予嘗曰：遠郊四萬井【四二】，甸稍縣都九十六萬井，王畿通百萬井，而九十六萬爲十二，是周人廢夏、商之制，厚取於民，而孟子爲妄言矣。蓋《司徒》田制，而《載師》園廛之制也。國之園廛，邦中之賦是也。郊甸稍縣都之園廛【四三】，郊甸稍縣都之賦是也【四四】。《載師》六句相承，上既言國，故園廛不言國；上既言園廛，故甸稍縣都不言園廛也。其曰「以廛里任國中之地，以場圃任園地」，即此見「國宅無征，園廛二十而税一」，是二句相承。下文皆相承，其曰以某田任某地者田制定後，方就田之中而起地之税耳。予有辨説，不詳載，古人重本抑末，故地税常重，而田租常輕。

文字只管要好，乃有愈改而不如前者。山谷有詩云：「花上盈盈人不歸，棗下纂纂

【四一】此太宰九賦之征　「賦」，原作「職」，據涵本、王本改。

【四二】遠郊四萬井　「萬」，原作「方」，據涵本、王本改。

【四三】郊甸稍縣都之園廛　「稍」，原作「削」，據民國本改。

【四四】郊甸稍縣都之賦是也　「縣」原闕，據王本補。

實已垂。尋師訪道魚千里【四五】，蓋世功名黍一炊。」又曰：「卧氷泣竹慰母饑，天吴紫鳳補兒衣。臘雪在時聽嘶馬，長安城中花片飛。」後來改云：「花上盈盈人不歸，棗下纂纂實已垂。臘雪在時聽嘶馬，長安城中花片飛。從師學道魚千里，蓋世成功黍一炊。日日倚門人不見，看盡林烏反哺兒。」乃不如元作。

子胥鞭尸之事，是大逆無道，不知者乃以爲復讐，乃以爲孝。衛人殺子路，送醢於孔子，《禮記》亂道。

「春王正月」天統是春之説，予嘗以語華翁。華翁亦以爲未穩，謂亦嘗疑之，其書云：「《集註》可取處多，未可以一條傷巧而悉棄之也。『春王正月』，伊川謂『假天時以立義』，亦不能無可疑。曰假，曰立，是夫子獨見，援筆以改之也，名曰《春秋》，畢竟具四時以春爲首。不應如秦史以冬爲首也。若夫子假春以立義，則魯史舊文宜如何寫？《七月》之詩曰『七月』、『八月』、『九月』，皆夏正，見得殷以前未嘗改也。『一之日』『二之日』、『三之日』，皆周正改月之證，多於《周書》見之，安知周家之曆不以子月爲春正月，如《春秋》之文耶？」華翁此説亦有思量，但《周書》「惟三月哉生魄」「惟一月既望」「在十有二月」，「惟三月」之類，並不曾以時冠月。《汲冢竹書》文字之最古者，雖戰國策士誣先王以誘時君，然不可謂非先秦古書也。其書無月則書年，有月則書月，他是寅正，寫時爲順，尚且如此，何況建子不是春，乃寫箇「春」字？非史氏職分所敢也。此一字分明是聖

【四五】尋師訪道魚千里　「師」，原作「思」，據王本改。

人所書。程子《春秋》云【四六】:「天時正月王正,示人君當上奉天時,下承王正。明此義則知王與天同大,而人道立矣。」此説不可易。若從來有「冬」字,而聖人改爲「春」,則聖人不是。若從來無「冬」字,聖人假天時立義,其假其立,有何不可?

「公及邾儀父盟于蔑。」程子曰:「盟誓以結信,出於人情,先王所不禁也。後世屢盟而不信,則罪也。諸侯交相盟誓,亂世之事也。」此語極其完全。是與不是,皆已著明。胡氏《傳》:「刑牲歃血,殆不獲已。既位之初,而汲汲以求焉。惡隱公之私也。」此語已是傷巧。張主一云:「書公之及盟,以譏其徇習俗之私【四七】,而不出一本有「於」字。由衷之信。魯邾之好,卒不能以久成。」尤巧矣。聖人《春秋》寫一句在這裏,則物無遁形,如何有許多工夫譏人?聖人固有特筆處,却不在此。只消寫一句,是非自見。私意不公也見,屢盟長亂也見,好不久成也見。

《公羊》:「及者何?與也。」此説是。「及,猶汲汲也」,便不是。《穀梁》:「及者,内爲志。」亦不是。故劉氏曰:「及齊高傒盟,及晉處父盟,豈復『内爲志』耶?」

「天王使宰咺來歸惠公、仲子之賵。」寫此一句,便見「賵諸侯之妾」,毁壞綱常,更不必問其他。書法「天王」兩字,《春秋》方是此第一句。書王室事之不可不書。天王,繼天爲王,舉動如此,言外自可見。《春秋》只消如此平看。

朝廷禁捕蛙,以其能食蝗也。《周禮》:「蟈氏掌去鼃黽,焚牡菊以殺之。」又曰:「以

【四六】程子春秋云　「秋」原闕,據涵本、王本補。

【四七】以譏其徇習俗之私　「徇」,原作「狥」,據涵本、王本改。

其煙被水【四八】，則水虫無聲。」是惡其聲之聒人。有甚害處？似乎前後數官，皆是後來方術。此處不可曉。林少穎謂：貍歌之愈鼠【四九】，雞肋之已止也【五〇】。痿膏之殺鱉，鱉荆之中蜎【五一】，壞漆以蟹，浣錫以魚，散血以藕皮，毀金剛以羊角，皆出於自然之理，所謂知實一作變。化之道【五二】，而知神之所爲也。然聖人不應爲蝦蟇聲鬧，特爲置官，《周禮》此處甚多【五三】。

葉水心闢《繫辭傳》【五四】「崇高莫大乎富貴」一句，以爲奇貨，屢屢言之，謂爲語言大病。若據説亦似惑人。「崇高莫大乎富貴」，有甚怪異？辨上下，定民志，天大地大王亦大，富貴極於君，崇高莫大於君，初非異説。

禪家之法，只是要人「靜定凝守」一句，更不思別路，久而自能通達。此吾儒「至誠」「如神」之緒餘。吾儒公溥，他只是自私。他要不落窠臼，誠是不落窠臼【五五】。然亦有可搏摸者。問：「如何是佛祖西來意？」曰：「庭前栢樹子。」此語最好，是吾儒一箇「仁」字也。「如何是佛？」曰：「乾屎撅。」謂：「前人往矣。我是當作工夫【五六】，説前人甚麽？」此句與吾儒別。有問：「請師安心。」曰：「將心來與汝安。」百丈謂溈山曰【五七】：「汝撥爐中有火否？」溈山撥云：「無火。」百丈起，深撥得火，云：「此不是火？」吾儒亦如此教人，但今聽之者不把作事看，反不如他能信向服行也。然既曰悟道，必當首先悟吾父母是何如，三綱五常、身體髮膚，七顛八倒，反借吾儒名分之説，與四海五

【四八】以其煙被水　「水」，涵本、今本《周禮》作「之」。

【四九】貍歌之愈鼠　「歌」，王本作「頭」，下同。

【五〇】雞肋之已止也　「肋」，四庫本作「助」，王本作「頭」。王本校勘記：元作「筋」。「已止」二字四庫闕。「止也」，王本作小字，校云：「止也」二字元誤入正文。

【五一】痿膏之殺鱉鱉荆之中蜎　「痿」，王本作「瘻」，王本校云：「瘻」元作「痿」，張濬校改。「鱉鱉」，王本作「鼈鼈」，民國本作「魚鱉」，王本校云：元作「鼈荆」，楊晨改。「荆」，王本作「矢」。

【五二】所謂知實一作變化之道　「之」，王本作「知」。

【五三】周礼此處甚多　「此」下王本補「等」字。

【五四】葉水心闢繫辭傳　「傳」，原作「得」，據王本改。

湖無所係着之人。捏令交道而自謂高於一世【五八】，而人亦以是高之。然若無朝廷見成飯與喫，見成法與維持，亦定坐禪不成也。

曾子問禮於孔子，如此其細密，如《檀弓》所載，乃件件不如子游記禮者【五九】。但欲尊崇禮家，借曾子之大名而抑之，又借子游之名【六〇】，而入於禮家。且未小斂則裼裘【六一】，此是當時之禮。閭巷之人亦能之，何足以譽子游？至於主人既祖，特敬曾子之來，反柩而受吊，雖世俗亦知其不可也。

程子令人類聚《論語》言「仁」處玩味。此最切於教人，「仁」實是難訓。看來看去，自曉得可也。上蔡「識痛痒」之語亦切。蓋出於程子痿痺不仁之意。愚嘗講程子「觀雞雛可以觀人仁」，說得幾句，自謂有功於諸儒。

張主一有《春秋集註》、《集傳》，予未嘗見，忽得本於瑞州守董正翁【六二】，蓋其刻在瑞州，見惠新本也。病中未及看，偶華翁歸自朝，盛稱之，方能畧看。中間義理自善。但《春秋》一書質實判斷不得，文公論之詳矣。除非起孔子出來，如范明友奴再生【六三】，說當時之事，與所以褒貶去取之意方得。今作《集註》，便是要質實判斷了。此照《語》、《孟》例不得。《語》、《孟》是說道理，《春秋》是紀事，且首先句便難明了。「惠公仲子」，不知「惠公之仲子」耶，或「惠公同仲子」耶？「尹氏卒」，一邊道是婦人，一邊道天子之世卿。諸儒譏世卿之說【六四】，自是明訓。恐是舉燭尚明之論，理自是，而事則非也。此

【五五】他要不落窠臼誠是不落窠臼　「臼」，原作「舊」，據涵本、王本、民國本改。
【五六】我是當作工夫　「是」，涵本、王本作「自」。
【五七】百丈謂溈山曰　「丈」，原作「文」，據民國本、涵本、王本改。
【五八】捏令交道而自謂高於一世　「令」，王本作「合」。
【五九】乃件件不如子游記禮者　「游」，原闕，據民國本、涵本、王本補。
【六〇】又借子游之名　「又」，原作「久」，據涵本、王本改。
【六一】且未小斂則裼裘　「裘」，原作「喪」，據王本改。
【六二】忽得本於瑞州守董正翁　「正」，涵本作「華」。

自是一説。至於「三統」之説，予嘗以告華翁，華翁亦以爲未穩。暨再閲，至「夫人子氏薨」，忽云：「不書葬者，婦人從君，故君存則葬禮未備，待君薨而合祔也。本朝后雖先崩，必俟合葬於山陵，蓋古之遺制與？」此説可駭。此看先儒之言不分曉，而又不曉事也。《穀梁》云：「不書葬，夫人之義，從君者也。」程子云：「公在，故不書葬。」於此見夫婦之義矣。」此不過所尊有嫌，遂不書葬耳。安得待君薨而合祔也？本朝后先崩，必備葬禮而葬，但未歸太廟，而神主享於别廟。暨帝崩，既葬，然後以神主合歸於太廟。典故甚明，安得如張氏之言也？魏徵謂太宗曰：「臣以爲陛下望獻陵若昭陵，臣固見之。」是太宗后之葬，而陵名且定，張氏何不知之？

明道先生説：「今學者敬而不見得，又不安者，只是心生，亦是太以敬來做事得重。此恭而無禮則勞也。恭者，私爲恭之謂也。禮者，非體之，禮是自然底道理也。只恭而不爲自然底道理，故不自在也。」人把「禮者，非體之禮」作句，所以都説不得。「禮者，非體之」是一句。「禮是自然底道理」，是一句。禮者，不是將我身體得出來，乃是自然底道理。纔説「體之」，則便非自然，便身與禮爲二。

平翁先生送乃子温倅清，父生日，以香一片，寫四句其上云：「始於克己，終於捨己，聖學終始，有立卓爾。」永嘉名公多有跋，皆不能曉。「非禮勿視，非禮勿聽，非禮勿言，非禮勿動」，此顔子克己處也；「以能問於不能，以多問於寡，有若無，實若虛，犯而不校」，

【六三】如范明友奴再生　「友」，原作「反」，據涵本、王本改。「奴」，原作「好」，據王本改。

【六四】一邊道天子之世卿諸儒譏世卿之説　「卿」，原作「鄉」，據王本改。

此顏子舍己處也。二已不同。私者既盡，八荒洞然。不見人我之異，其始終如此。「跋」字下有一「予」字【六五】。

堯民擊壤，自唐以來，畫爲圖，乃是行坐捧腹，牽挽快樂之樣。李伯時臨本極佳，不見所謂擊壤者【六六】，《藝經》謂：「壤以木爲之，前廣後鋭，長尺四寸，濶三寸，將戲，先側一壤於地，遠二十四步。一本作三四十步。以手中壤擊之，中者爲上。」此戲甚好。比之投壺，尤見爲朴質也。然予謂此説亦未必然。壤即泥也，以手拭一本作式。杖擊壤，以爲音節而歌。其曰：「日出而入【六七】，日入而息，鑿井而飲，耕田而食，帝力於我何有哉？」真是太平之語，真好文章。「立我烝民，莫匪爾極。不識不知，順帝之則」，更好。

【六五】跋字下有一予字　此句上涵本補「原注」二字，王本「有一」倒，王校云：此元校語，「一有」元倒。

【六六】不見所謂擊壤者　「擊」，原作「繫」，據王本、民國本、涵本改。

【六七】日出而入　「入」，涵本、王本作「作」。

晦翁《語録》云：「吴公濟云：『逐日應接事物之中，須得一時辰寧静，以養衛精神，要使事愈繁而心愈暇，彼不足而我有餘。』其言雖出於異説，而試之亦畧驗，豈周夫子所謂主静者耶？」予謂此恐未必文公之言。文公云：「寂者無時而不感，感者無時而不寂。」又何健羡於一時之寧静？一時之寧静，又足以方周子之主静耶【一】？然而其説自好，以邢和叔之意【二】，初學得此，豈不甚善？

平翁先生云：「有人一子名光，一子名梵，一子名晃。其父遠出不歸，光者子細探其蹤跡，知其北往，求之幽燕。梵者子不細探討【三】，乃求之南閩。晃者在家嬉游而已。一日，光者得其父以歸，梵者索然而歸。光以責梵，晃亦以責梵。光可言也，晃不可言也。梵雖行路差，尚曾求父也。晃坐於家，不曾求父，乃責梵之不善於求父。今之人未嘗求道，而空空以議人，何以異此？釋氏行路差，尚曾求道也。」

董公遮説漢王一事，人以爲漢王得此正大之論，而漢業成於此。按董公言：順德者昌，逆德者亡。兵出無名，事故不成。明其爲賊，敵乃可服。項王放弑其主，天下之賊也。大王宜率三軍爲之素服，以告諸侯而伐之。則四海之内，莫不仰德，此三王之舉也。於是

校勘記

【一】又足以方周子之主静耶　「又」下王本補「豈」字。

【二】以邢和叔之意　「以」，王本作「似」。菉按：邢和叔言「一日三點檢」，程子謂其可哀，以其放三省直語而失之夜，玉峰反稱其善，誤矣。

【三】梵者子不細探討　「子不」，原作「不子」，據四庫本改。

高祖爲義帝發喪，率諸侯兵五六十萬討羽【四】。入彭城，一時響應，甚麼氣勢？而高祖入彭城之後，乃收美人、貨賂，置酒高會，此是爲義帝發喪耶？高祖不是三王，骨子本意不是伐罪救民，得董公此說，且做一箇題目，既得志，便掉了羊質虎皮，事體便敗。項羽大破漢兵，獲太公、吕后，高祖之狼狽，未有如此役也。如此則反是董公誤之。其曰：「兵出無名，事故不成。」此是謀利計功之說，諸葛孔明定不如此說。

先主問孔明，謀伸大義於天下。而孔明乃答以「劉璋闇弱，可取」，此是伸大義乎？蓋史家闕文，或承襲魏氏私史也。行不義，殺不辜，以爲興國之基，孔明爲之哉？劉璋之父劉焉，漢之賊也。初以益州有天子氣，求領益州，此意已可誅。未幾，有董卓之亂，諸鎮皆起兵討賊。焉亦起兵，不討賊，遂據益州，殺漢中太守，斷蜀道。帝使其子劉璋諭旨，璋不反命，遂留蜀。焉自作乘輿任政，賈龍討焉不克。當時黄巾既定，董氏又滅，劉虞死節，曹操未動，漢之亡，劉焉爲之首也。焉死而璋立，悖逆相承，曹操方挾天子以令諸侯，止可徐圖，未易輕舉。孔明欲伸大義，安得舍璋而他務乎？滅劉璋正是爲漢討賊，既討賊，遂據以爲資，以俟驅馳於中原，孔明之規模如此，史不足據也。魏、晉之史，皆是魏邊人爲之。當時漢家忠臣被他埋没多少！

孔子門人與孟子門人不同。孔子門人只有陳子禽識見卑下，三番開口，都不成說話。孟子門人都低，如公孫丑、萬章之徒，有甚難疑答問，枉教孟子應他【五】，似乎樂正子克之

【四】率諸侯兵五六十萬討羽　「五六十」，原作「五十六」，據王本、民國本改。

【五】枉教孟子應他　此句下涵本補「如此乎」二字，四庫本補「如此」二字。

外，尚有充虞。

金國一作虜。以趙妃亡【六】，蓋天意耶？

顔子問仁章，程子曰：「克己復禮，則事事皆仁。」仲弓：「在邦無怨，在家無怨。」程子亦只就仲弓自説「如求仁得仁，何怨」之意，不干別人事。朱子則曰：「一日克己復禮，則天下皆與其仁。」又曰：「『在家無怨』，是一家歸仁，『在邦無怨』，是一邦歸仁。至顔子，則天下歸仁。又以吕與叔『八荒洞然，皆入我闥』爲非。乃又自載程子『事事皆仁』之説於《集註》。畢竟兩存自善。愚嘗記得朱子《語録》有一段云：「克己復禮爲仁，言一日克己私，復還天理。則胸中薰然，慈祥愷悌，視天下之物，無一不在吾所愛之中也。」嘗題在窗中，今《語録》尋不見，從弟子剛云【七】。此是初年之説，然似《語録》之説，亦不可破，反更安穩。真箇一日克己復禮，天下有歸仁之理，但就身上推，不務於外，不知文公去取之本意如何？

李邕文章聲名在唐甚盛。所謂干將鏌鋣，誰敢交鋒者。予家無《李邕集》，曾見其自書數碑，乃其自作者，理不成理，文不成文，僅足資笑。其曰：「性有習，道有因【八】。止於心，反於照，習也者。坐乎樹，居乎山，因也者。」他添兩箇「者」字，移擷兩句前後，以爲奇也，豈不可笑？如此甚多。其形容麓山寺云：「化城未真，梵天猶俗。」僧家只是廣張，天也不如他。一本有「而」字。所以佛坐其上，而天居其下，佛非今人所見，可以愚世俗。

【六】以趙妃亡　「亡」，原作「士」，據涵本、王本改。

【七】從弟子剛云　「剛」，民國本作「删」。

【八】道有因　「因」，原作「固」，據民國本、涵本、王本改。

麓山不過是箇寺院也，如此廣張，豈不爲識者所鄙？

大凡得譬過當，適足爲累。鄭文寶詩云：「秋陰漠漠秋雲輕，緱氏山頭月正明。帝子西飛仙馭遠，不知何處夜吹笙。」本是好詩，晏元獻公題其後云：「此詩在處當有神佛護持。」一譬之過，再看此詩，便索荒也。然矣。有甚不及可處，誰不會做？

有子本是好人，挈將起來，要當孔子，被曾子説出，便無光了。且添《史記》許多謗議，至今爲笑。前輩曰：君子不欲多取名。自古只有人不知不慍之君子，豈有取名之君子？然若爲下等説，亦可以定民志。

梁《智藏法師碑》，蕭幾撰序，湘東繹撰銘【九】，唐《述聖頌》，奚抅一作均。撰序，呂向撰頌。《宗聖宮碑》，歐陽詢撰序，陳叔達撰銘，本朝不曾見，出二手者，恐亦有之，護先了切，小也。聞未之見也【一〇】。

先祖贈傳上舍詩，傳上舍數年後來云被好事者收了，再求先祖寫。先祖不肯。愚亦曾有詩贈人，被其再來求寫，便又與寫。此是輕，不及前輩重厚處。

文章可見興亡，可見時節。未説道理，且看文氣。「大風起兮雲飛揚」，興國之言也。「妖姬臉似花含露」，亡國之音也。音一作文。

偶步瓜園，見有惡蜂捕一絡緯，上用口咬，下用毒釘，不堪其苦，天地如何得知？何所赴訴？爲之情懷不佳者數日。

【九】湘東繹撰銘　「湘東」下涵本、王本補「土」字。

【一〇】護聞未之見也　「護」，涵本、王本作「謢」。

秦檜議和，殺害名將，後人猶以爲愛東南。金國遷汴之時，其直學士孫大鼎奏疏，明言天會八年之冬，諸大臣會於黑龍江之柳林相議，謂「宋臣如張浚、趙鼎，則志在復讐；韓世忠、吴玠，則習知兵事。既不可以威取，復構怨之良深，勢難先屈」。魯王曰：「惟遣彼臣先歸，因示恐脅而使之順我，佯不從而勉强聽之。」忠獻王曰：「汝言是也，誰可使者？」忠烈王曰：「張孝純可。」忠獻曰：「此人在河東失節，人誰不怨？遣去如何得位得志？只有檜可用。初言一作「初來説」。趙氏得人心，必將有所推立。説張邦昌不爲人悦服。不及半年，其言皆驗。我喜其人，置之軍中，間語以利害，檜謂：『南自南，北自北。』且詐説某着手時【一二】，只依這規模。今只用兵，南亦未必終弱，若縱其歸國，必是得志，可濟吾事。」是時，南人羈困，檜獨温足，果至彼得權位而謀始行。廢劉琦、韓世忠、張浚、趙鼎，殺岳飛，而南北之勢定。忠烈王德之，誓書之中，必令不妄易首相。而檜亦陰發宇文虚中之逆以報德，表裏恐喝，一如忠獻所料。誅廢其喜事之將相，定南疆北界之畫。秦檜自謂欺世，不料後日金人自言之。《南遷録》甚詳，當時胡編修銓乞斬檜以謝天下，豈爲過論？而後世至今有爲檜出脱者，可痛也！

趙挺之除門下侍郎，鄒浩在貶所，有詩云：「促膝論心十二年，有時忠憤淚潸潸。不聞一事拳拳救，但見三臺每每遷。天地豈容將計免，國家能報乃身全。他時會有相逢日，解説何由復自賢。」句句好，至今尚感動人。予不曉音律，覺其聲音亦怨。挺之爲相，子

【一二】且詐説某着手時 「詐」，原作「許」，據民國本改。

孫不喫着到今日。至如此詩，千古削不去。陳後山亦奇特，拜郊遇寒，情願凍死，不肯着他絮襖。

《詩傳》一出，讀書盡廢，真是著書手段。其曰某傳則不掩衆人之長矣【一二】。要好於前面綱領以後，爲列諸家名氏，使之有傳，亦有美事。此書不比《論》、《孟》，經大爐鞴，自和鳴鷙別以下【一三】，皆是取之諸家見成言語，若不得前人先有此訓，《詩》亦懵然也。

物理難知。《詩》曰：「螟蛉有子，蜾蠃負之【一四】，教誨爾子，式穀似之。」直傳到漢揚子雲，猶曰：類我類我。蜾蠃取螟蛉，産子於其身上。借其膏血以爲養，蜾蠃大，螟蛉枯，非變化也。橘逾淮，則爲枳，亦非也。江南人有接樹之法，以橘枝接枳，枳遂爲橘，其核不變，再種則復爲枳矣。淮北之人不曉此也。以此知古人之言亦有誤者。杜陵《杜鵑詩》云：「生子百鳥巢，百鳥不敢親。一作「嗔」。殷勤哺其子，禮若奉至尊。」亦不然。杜鵑，鷃屬，梟之徒也。飛入鳥巢，鳥見之而去，於是生子於其巢，鳥歸不知是別子也，遂爲育之，既長，乃欲啗母。

晦菴既謂《書序》非孔子作。晦翁既没，其門人後學，如真西山諸人，又皆確然以爲是聖人之書。然《康誥》篇分明是誤。往往聖人之筆不全矣。西山併以《康誥》一有「序」字。爲是，依孔氏説。

予向作《世運録》時，曾用晦翁説「我之弗辟，我無以告我先王」。辟，避也。管、蔡流

【一二】其曰某傳則不掩衆人之長矣　「某」，王本作「集」。

【一三】自和鳴鷙別以下　「鷙」，涵本、王本作「摯」。

【一四】蜾蠃負之　「蠃」，原作「羸」，據涵本、王本改。下同。

言，周公避於東土，星渚極以爲然。予後來思之，居東二年，東征又二年，「自我不見，於今三年」。其實只二年，其輔成王幼冲之時亦淺矣。《蔡仲之命》「辟管叔於商」，依然「辟」是「法」字。後來《道統録》中分紀遂依古説。華翁極以爲非，遂又爲改之。晦翁辨得自明，有益世教【一五】，只是筭年有些遠。兩存之，以俟後人。

《春秋傳敘》先説二帝而上，次説三王，次説三王既不復作。如秦見子丑寅之建正，杜撰起來建亥，漢知三王是忠質文，又求之於忠質文之外，以智力爲此。都是欲俲古之跡，而私意妄爲者也。夫子生於周末，以順天應時之治不復有，二帝而上不可得而追也，於是作《春秋》，爲百王不易之法。大以三王之道，正後世之人。《春秋》之法行，則三王之道興。不必遠追二帝以上，而三王之治可行於後世。豈不天下太平？其意如此，前説聖王不復作，是説三王；後説聖王不復作，是説二帝以上。其間所謂「雖欲效古之跡」，不是説效古人之道，只是要效其跡。他有子丑寅，我便有亥；他有忠質文，我便有智力。此具做其淺也【一六】。如此者方分曉【一七】。不然，「不復作」者既不可望，「做古之跡」者又不可用，是絶後世於無人也，文章難看。

東坡《萬言書》，前面説時事，儘好儘好，至於厚風俗，存紀綱處，便淡薄枯槁。蓋其本源處欠，所以如此。

「忠信所以進德也。修辭立其誠，所以居業也。」「進」是進而未已，「居」是居而不

【一五】有益世教　「世」，原作「毋」，據涵本、王本改。

【一六】此具做其淺也　「此」，原作「以」，據文意改。「做」，「淺」，原作「做」「踐」，據涵本、王本改。

【一七】如此者方分曉　「者」，涵本、王本作「看」，較長。

遷。「修辭立其誠」，且把修辭一件做題目。非禮勿視、聽、言、動也在此；居處恭、執事敬、與人忠亦在此；言忠信、行篤敬也在此；動容貌、正顔色、出辭氣亦在此。

古者祭天地，皆天子行禮。至唐《開元禮》，始定自郊天之外。餘使有司攝之，後來遂爲故事。

格物是窮理，不可易也。而以「格」爲「至」，則有可籌繹者。「格于上下」可以訓「至」，「格物」難以訓「至」。曰：致知在至物，非辭也。愚嘗謂格，且比方思量之【一八】謂。此爲是，此爲非，此爲正，此爲邪，此爲輕，此爲重。今之諺「欲知輕重」，則曰「以秤格之」。此字必有傳承。《玉篇》云：「格，至也，量也，度也。」《廣韻》亦然。彼之字義，多出於古時經注。「格，至也。」是出《堯典》注【一九】。不知「度也，量也」出在何處，以此訓「格」，正與今文合。向曾以告星渚。星渚以面看屋【二〇】，久之無說。致知在格物，格物在致知之初。

何曾日食萬錢，乃子何劭便日食二萬。諺云：「教奢易，教儉難。」

平江，吴國都。嘉興，越地。相去百四十里。吴王遠遠經畧，破楚敗齊，而不能退取湖、杭。以錢塘爲界。豈但夫差之愚，其先世亦疎矣。

畏厭乙甲切，通作「壓」，覆壞也。【二一】溺，三不吊【二二】，只是惡病，欲染人如疫之類。若說有畏而死，則「子畏於匡」如何說？

【一八】且比方思量之　「且」，王本作「是」。

【一九】是出堯典注　「出」，原作「時」，據涵本、王本改。

【二〇】星渚以面看屋　「以面」二字原闕，據涵本、王本補。

【二一】乙甲切通作壓覆壞也　「覆」，原作「履」，據王本改。

【二二】三不吊　「不吊」下王本補「畏」字。

自先王之禮不行，人心放恣。被釋氏乘虛而入，而冠禮、喪禮、葬禮、祭禮，皆被他將蠻夷之法來奪了。冠禮如他初削髮受戒之類，其叮嚀告戒甚嚴。古時亦能有幾箇好僧，不比今時受戒，方新出壇便破也。喪禮則有所謂七次之説，謂人死後，遇第七日，其魄必經由一陰司【二三】，受許多苦。至於七七，過七箇陰司，又有百日，有三年，皆經陰司。本是欺罔，愚夫惑其説，遇此時亦能記得父母，請僧追薦，謂之做功德。做功德了，便做羹飯，謂之七次羹飯，隨家豐儉。今讀書人既闢佛老，不用其説。而於吾禮之中，自不曾盡，朝夕奠無一作非。奠，朔望無朔望，飲酒食肉若罔聞，知是夷狄之不若也。葬是順，火化是大逆。今貧民無地可葬，又被他説火化上天，葬禮亦被奪了。施斛一節，既薦祖先，又與祖先請客而共享之。神不歆非類，民不祀非族。蓋是理之必然，後世小人但知自己饑餓，何曾有思親之心，往往雖有子孫，亦是若教如此，則施斛請客之説，寧可信其有，不失爲長厚也。畢竟是一箇祭祀，以僧代巫，而求達於鬼神，請父母，而又與請客，致死致生之道，容或有是理也。予先室死，曾施斛祭之，友朋來問云：「君素不信佛老，何爲施斛？」予曰：「我自不信，我自施斛。」既而友人吕居中云：鄭慥堂先生亦不信佛老，亦不廢施斛【二四】。曾有所感也。以僧代巫，却要擇僧。

淵明送一僕本作「力」。與乃子，助其薪水之勞，而曰：「彼亦人子也。」見得淵明知道。王褒《僮約》無此事，以文爲戲，後世虐用其下者，乃以爲口實，可歎也。

【二三】其魄必經由一陰司　「魄」上王本補「魂」字。

【二四】亦不廢施斛　「施」原闕，據涵本補。

四惡：「不教而殺，謂之虐；不戒視成，謂之暴；慢令致期，謂之賊。猶之與人也，出納之吝，謂之有司。」出納之吝，比上似輕，何以亦謂之惡？朱子謂：「當賞不賞，當罰不罰，亦甚計利害。」看來上三件是陽惡【二五】，下一件是柔惡，其一害也。《集註》引項羽刓印事，項羽婦人之仁，高祖在掌握内不能殺，雖麄暴，只是柔惡。「謂之有司」，堂堂主人，只做得一司一職之事也。

章雪崖，平江隱君子也。不曾見晦翁，而時時有書問道。晦翁答書見存，有時常高聲云：「世紛如何汩没得自家。」可以見其胸中之所存也。顧齋胡丈淳嘗從之，此顧齋說。予每書此句於扇上，人知敬聖賢之言，方可讀書。

《檀弓》曰：「有司以几筵舍奠於墓。」左注謂：「父母形體在此，禮其神也。」此今祀后土之禮也。《儀禮》不說。

《易》，六經之祖；《河圖》，《易》之祖。

魏文侯自請於周爲諸侯，田和遷齊康公，又爲之請爲諸侯。吾以爲卜子夏、段干木恥矣。

古者人鬼不相襲而相得也。後世人求鬼，鬼求人，鬼亦非其鬼矣。

白樂天《長恨歌》敘事詳贍，後人得知當時實事，有功紀録。然以敗亡爲戲，更無惻怛憂愛之意，身爲唐臣亦然。知《春秋》所以存魯之法，便是艸茅亦將不思【二六】。蓋祖

【二五】看來上三件是陽惡　「陽」，王本作「剛」。

【二六】亦將不思　「思」，涵本作「忽」，王本作「忍」。

父與身，皆朝廷長養，不可謂艸茅不知朝廷苦之，此說不是不容臣不做此語，但有惻怛憂愛之心，語言是重【二七】。

潁考叔取蝥弧以先登，純孝者如此乎？莊公受許之後，其愧辭如此，許又非其不共戴之讐【二八】？

張良弟死不葬。雖以良之功名不可掩也，史之有功，類此也。

「天生烝民，其命靡諶，靡不有初，鮮克有終。」其初稟於天者，無不具此良心，而歸全者鮮矣。故曰：「人皆有之，賢者能勿喪耳。」使天命之常者【二九】，其功乃在人。

「無適也，無莫也」，無可無不可也，「義之與比」，「可以仕則仕，可以止則止」也，不獨論仕止。

谷永云：「楚王絶丹姬以成霸功。」應劭注《漢書》便撰箇丹姬出來。《谷永集》中，乃夏姬也。解注難看如此。

崔浩謂《老子》非老聃所著，此說可信。

蘧伯玉信君子矣，不若史魚之直諫君之言也。

聖人曰：「直哉史魚，邦有道如矢，邦無道如矢。」而荀子曰：「盜名不如盜貨，田仲、史鰌不如盜也。」然則聖人亦被史魚瞞了，荀卿無忌憚。

田單宣言令燕軍劓齊卒、掘齊人墓、燒死人，以激齊軍之怒。此當時策士形容田單謀

【二七】語言是重　「是」，涵本、王本作「自」。

【二八】許又非其不共戴之讐　「戴」下王本補「天」字。

【二九】使天命之常者　「者」，王本作「存」。

策過當之言。若果如此，足以亡齊，決不足以復齊也。一作「決不能復齊也」【三〇】。

章雪崖有詩云：「掩關作夏計，長日獨清坐。戎葵競自花，安榴粲成朵。時芳詎容歇，幽賞無不可。微風忽吹來，諒亦深知我。」可以見其胸次。

紹興間，有錢弼者，鎮江士人，喜談兵，能以氣運推勝負。紹興辛巳，逆亮入寇，弼曰：「此耶律德光帝羓氣運也。」亮果死。又言秦莊襄王甲寅，始皇即位。是歲，漢高祖生。成帝寵趙后妬亂，帝無嗣。綏和二年乙卯歲，召定陶恭王之子立之，是爲哀帝，改建平元年。是歲，光武生。後唐天成元年，洛陽大亂，明年丁亥歲，而本朝太祖生於洛陽。靖康之變，北虜侵陵。建炎元年丁未，高宗即位於南京，而金人僞立張楚於河北。是歲，孝宗生。其言甚歷歷也。孝宗真應恢復之運，極有志焉，而光堯以艱難之餘，愛兵惜民，往往寬之，士大夫習安既久，置之度外，惟一陳同父以書生慷慨議論，乃共駭愕，以爲怪人。遂使金國，一作賊。僥倖少延，水旱凶荒，漸漸自亡，人事有負於天矣。

北極正乎上，南極正乎下，故日月經星之運，日日而然，時時而然，千萬歲而然，天之有靜也。春游過東三萬里，夏游過南三萬里，秋游過西三萬里，冬游過北三萬里，地之有動也。天主於動，所以有靜者，地鎮之也。地主乎靜，所以動者【三一】，天挾之也。天而無靜，則無晝夜；地而無動，則無寒暑。此下一有「舊本」二字。

心生道也，是總説人物惻隱之心。人之生道也，方是説人。

【三〇】一作決不能復齊也　「決」，原作「次」，據涵本、王本改。

【三一】所以動者　王本「動」上有「有」字。

「居處恭、執事敬、與人忠。」即是「出門如見大賓，使民如承大祭，己所不欲，勿施於人」説話。仲弓可使南面，而樊遲聖人分付【三二】，更無兩樣。南面者亦當如此，農圃小人亦當如此。

程子曰：「盡其心者，知其性也。」釋氏所謂「識心見性」是也。若存心養性一段則無矣。愚謂釋氏但能存其無用之心，養其無實之性，却不盡心知性也。

予登篔窗先生門，方逾弱冠，荆溪吴明輔先從篔窗，已登科，聲譽甚振，長予十有三年，予係晚進。篔窗一旦於人前見譽過當【三三】，同門初不平，久方浹洽。相與作爲新樣古文，每一篇出，交相諛佞，以爲文章有格。歸呈先祖乃不悦，私意謂：先祖八十有餘，必是老拙，曉不得文字，顧首顧尾，有間有架，且造語俊爽，皆與老拙不合也。既而先祖與篔窗皆即世，吾始思念：《六經》不如此，韓文不如此，歐、蘇不如此，始知其非。既而見立齋先生，見教尤切。後以所作數篇呈之【三四】。忽貽書四五百言，痛説水心之文。是時，立齋已登侍從，其意蓋欲痛改舊習，不止如前時之所悔也。予此時文字已自平了，但猶有作文之意，而自家講習多爲外物所奪，然未嘗不自知。先曾有詩呈立齋先生云：「童牙苦佔畢，嚼瓜燈燼爛【三五】。衡縮高於丘，纔作文字看。精微隔幾塵，健筆祇流湍。開眼天地燎，始識用書難。千葩慚一實，本根耐歲寒。」先生甚喜，常常吟諷詠【三六】，顧昏懦不能大激勵。蓋知世間學問，只有一路矣。先生不以文名，而論作文之法極是切至。予後

【三二】而樊遲聖人分付　「聖」，民國本作「小」；「遲」下涵本有小字「疑有脱文」，王本補「志於農圃」四字。

【三三】篔窗一旦於人前見譽過當　「旦」，民國本作「日」。

【三四】後以所作數篇呈之　「篇」，原作「蔫」，據涵本、王本改。

【三五】嚼瓜燈燼爛　「嚼瓜」，王本作「爝火」。

【三六】常常吟諷詠　民國本作「常哦吟諷詠」，涵本作「常常諷詠」，王本作「常常吟諷」。

來少作文字，而舊習却都忘矣。明輔終身守此一格，初學者甚向之，更以爲好，官職日進，賓朋交接，而明輔愈不得以自覺其非，可念也。

吴明輔爲國録，予偶在京相見，便説其《齋居賦》，「此是尊兄少年之文，可以删去」。明輔頗矜持，一有「此篇」二字。以此言爲駭。予告之云：「『突梯者之無恥兮【三七】，踰垣者之爲隘。要折衷於兩可兮，庶吾道其無悔。』如此則是處此身於突梯、踰垣之間。突梯是何等人？」明輔謂予不看上文。予云：「只四句連續分曉，何用看上文？上文云：『顔陋巷以掃軌兮，軻走死乎車輪。』如此則必有一箇是踰垣，一箇是突梯。」明輔無説。予意其後來改之。有傳其後來所印《荆溪集》，則儼然在第一篇，不易一字。不知其意如何，他不是全曉不得。

乾元者，始而亨者也。利貞者，性情也。文王卦辭「元亨利貞」，本只兩意。元而亨，利於正而已。今諸卦都是如此。孔子《文言》自以所見拆作四字説，自是一項道理。然非文王繫卦之本意也。孔子到此却又就文王本意作兩件説。自乾元發出，豁達呈露，生意遍滿，無不亨通。所謂始而亨也。然皆可見者【三八】，氣也。須有理主於其中，何嘗有不好底生意？蓋純粹至善一有「是」字。乾德之本，然乾之性情，只是利於正也。乾之性情如此【三九】，則凡資始於乾者，皆如此。是故人可以爲善，不可以爲惡，蓋其本來情性，只利於正也。

【三七】突梯者之無恥兮　「兮」，原作「弓」，據涵本、王本改。

【三八】然皆可見者　「皆」，王本作「其」。

【三九】乾之性情如此　「性情」，原倒，據王本乙。

星濳在經筵，曾説：「學以聚之，是聖希天，仰觀俯察，天學也。問以辨之，是賢希聖，君疇務成之學，人學也。」予嘗辨其過當。學以聚之，即是博學。問以辨之，即是審問明辨。聖人問以辨之，在賢人問便着審，辨便着明，又着謹思，只爭此耳。聖希天，是純亦不已。

象山謂：「仲弓勝顔回。」蓋見聖人所語顔子大段用力，而語仲弓則似不甚費力，便是仲弓强了，不如顔子有這力得用。故聖人教他用了一切掃令淨潔，免得次弟逐件儘有辛苦。他人無顔子之力，若教他如顔子之用，便是不量力，且當旋旋做去。他日工夫亦到，有力可用之時，一掃淨潔之境。「三省吾身」，是曾子出門如見大賓之時；「斯遠鄙倍」，是曾子克己復禮之時，但看他力到力未到。《易》曰：「雷在天上，大壯，君子以非禮勿履【四〇】。」此是甚等氣勢，如何教仲弓便做得？

兩《赤壁賦》，見得東坡浩然之氣，是他胸中無累，吐出這般語言，却又與孟子浩然不同。孟子集義所生，東坡是從莊子來【四一】，人學不得，無門路，無階梯，成者自成，擷者自擷。不比孟子有繩墨，有積累也。本朝過嶺諸賢，雖不怨尤，亦不快活。東坡七千里渡海，真是快活。海濤湧洶，則曰：「天之未喪斯文也，吾儕必濟。」又曰：「平生萬事足，所欠惟一死。」海外諸詩甚佳，著論尤奇。其曰「武王非聖人」，自是怪説，而觀過知仁，見得此老忠義之氣，峻極可畏。雖武王亦不顧，皆是浩氣。劉元城先生云：「東坡立朝大節

【四〇】以非禮勿履　「以」字原闕，「禮」原作「理」，據王本改。

【四一】東坡是從莊子來　「從」原闕，據王本補。

極可觀，才意高廣，惟己之是信。在元豐，則不容於元豐，人欲殺之；在元祐，則雖與温公議論，亦有不合處，非隨時上下人也。」「惟己之是信」，是他浩然。

《西伯戡黎》，切恐是武王。《詩》中載文王兵事，如崇如密、如昆夷，甚詳。不見説黎。《史記》載武王亦曾爲西伯矣。第康節《經世書》：「紂二十年，西伯戡黎。二十三年，文王薨，遂命武王爲西伯。」恐康節能推其實。予於《世運録》亦只依康節也。

桀以三十三年始嬖妹喜；紂以八年始嬖妲己；周幽王以三年始嬖褒姒。既是康節推出，必是實也。

先祖嘗言，韓信枉屈誅夷，千古無人與他辨説。愚曾見朱文公《語録》云：「韓信反無證佐。」可謂見破史書。惜乎只説一句便休，不做一件事看，與他濺洗【四二】，他是箇人物，不可教他一有「既」字。枉屈死，又枉屈被後世駡。《擊壤集》有十詩，中間兩篇云：「韓信事劉原不叛，蕭何惑漢竟生疑。當初若聽蒯通語，高祖功名未可知。」又云：「韓信恃功前慮寡，漢皇負德尚權安。幽囚必欲擒來斬，固要加誅甚不難。」

大甲王老先生【四三】，諱象祖，字德甫，嘗以文見水心。水心所謂塵垢拭杯案者也。其文簡古老倢，簣窗亦畏之【四四】。第方徧，不似簣窗圓活，然非有意不爲文，非有味不爲句，尤未易及。但所見自僻，嘗有詩云：「皋夔周公佐中古，蕭曹房杜興漢唐。因事因時修治効，不談道學亦何妨。」此意到老强項。予弱冠時，嘗投其書，答書有云：「文字之趍

【四二】與他濺洗　「濺」，王本作「湔」。

【四三】大甲王老先生　「甲」，涵本、王本作「田」。

【四四】簣窗亦畏之　「簣」上涵本、王本補「雖」字。

日靡矣。皇朝文統，大而歐、蘇、曾、王，次而黃、陳、秦、晁、張，皆卓然名家，輝映千古。中興以來，名公鉅儒，不自名家，張、呂、朱氏，造儒術而非文藝，獨水心擅作者之權，一時門人，孰非升堂【四五】，孰爲入室？晚得陳篔窗而授之柄，今篔窗之門亦夥矣。求其可授者未有也。人才之續絶，天運之盈虧也。斯文之隆替，國家之治忽也。前者夐出，後者藐然，則識者懼矣。鄉邦之彦，嘲風露而寫光影，借比興而盜《離騷》，句吟字鍊，豈無一得而與之？讀《檀弓》，談《左傳》，評《國語》，及太史公、賈誼、揚雄、韓、柳、歐、蘇之作，求其一言之幾於道，莫得也。議論甚不是，文章自好，甚麽文氣□，未有可授者也。」元云「求其可授者未有也」，以紙貼其上云：「未有可授者也。」今真跡尚存，王行志編其先集，求序於荆溪，改作「可授者可數也」。蓋恐荆溪以爲妨也。

東坡每健羨白樂天，樂天如何敢望東坡？東坡大節，照映古今，樂天些少外沈【四六】，便動色力。

哀公問社於宰我，宰我對曰：「夏后氏以松，殷人以栢，周人以栗。曰：使民戰栗。」此句是周人之言，當時周人自失言了，宰我不當舉出，故聖人曰：「成事不説，遂事不諫，既往不咎。」其説曉然。

《康誥》、《酒誥》、《梓材》，斷然是武王封康叔之書，不但「朕其弟」、「小子封」之可證也，管、蔡以武庚叛，幸而獲平，是當時至大至重之事。更不引一句，分明是武王時誥命。

【四五】孰非升堂　「非」，民國本、涵本作「爲」。

【四六】樂天些少外沈　「少外」，涵本、王本作「小升」。

然此一段事，後人説不得，並無考處，其有考處，皆成王也，鄭康成不足信。太史公亦是成王，太史公又不足信。《左傳》載衛祝鮀之言，亦是成王，方道兄弟皆武王所封，而周公封魯，又是成王。《詩·頌》分明載也。且當時若已封武庚，則妹邦無得封衛。若已封衛，則邶、鄘、衛無得與武庚及三監。豈武王當時已作誥命，將封康叔，又思以舊地存武庚，既平武庚，成王始宣武王之誥，以封康叔耶？不可曉也。

東坡《超然臺記》中數語，本是習鑿齒舊文，東坡蹈襲之。一入東坡手，精神百倍，不是喫煙火食人説話。習云：「每定省舅家，從北門入，西望隆中，想卧龍之吟；東眺白沙，思鳳雛之聲；北臨樊墟【四七】，存鄧老之高；南眷城邑，懷羊公之風。」「若乃魏武之所置酒，孫堅之所隕斃」，「遺事猶存」，「碌碌凡士」，安足以感其方寸哉？東坡云：「園之北，因城以爲臺者，舊矣。稍葺而新之，時相與登覽，放意肆志焉。南望馬耳、常山，出没隱見，若遠相近，庶幾有隱君子乎。而其東則廬山，秦人盧遨之所從遁也。西望穆陵，隱然如城郭，師尚父、齊桓公之遺烈，尤有存者。北俯濰水【四八】，慨然大息，思淮陰之功，而吊其不終。」真是妙語。人能推此，便可曉做文字之法。然自古大文章之家，只有東坡不怕蹈襲，餘人當謹。

堯之九年洪水，不是經年經歲懷山襄陵，浩浩滔天。蓋有滔天之時，亦有稍退之時，只因下流壅塞，所以遇洪流暴漲，便滔天也。使懷山襄陵之【四九】，則民何所得食，人類將

【四七】北臨樊墟　「樊」，原作「焚」，據習鑿齒《與桓秘書》改。

【四八】北俯濰水　「濰」，原作「灘」，據王本改。

【四九】使懷山襄陵之　「之」，民國本作「久」，涵本、王本作「之久」。

滅。豈但咨怨昏墊而已。禹又何所措手足，只是川流有梗，如龍門等處，素來逼狹，又添淤塞，所以不勝得暴漲。霜降水涸之時，亦必能退。堯時必是四方雨多，昆侖鹽澤，凡上流諸處，必是氾濫，下面阻障未開，所以只見堯時大水。今山谷有溪去處，或有山阻之，遇秋雨淋淫，瀕溪者必被此害。民避水於屋脊，有騎屋漂流者。安土重遷，昏墊怨咨而已，水退，又自生産作業。

車惟一跋

咸淳甲戌冬，伯父脚氣病作，時以書自娱，隨所見而録，寖復成編，因目曰《脚氣集》。嗣歲春仲，不幸傾亡，亦絶麟之筆也。凡平昔有書之别帙者，可勝紀哉！兵火禍滋，咸爲煨燼，惟賴此編之獨存，亦云幸矣！從子惟一百拜謹識。

圖書在版編目（CIP）數據

全宋筆記. 第7編. 8／上海師範大學古籍整理研究所編.— 鄭州 ：大象出版社，2015. 12
ISBN 978-7-5347-8733-1

Ⅰ. ①全…　Ⅱ. ①上…　Ⅲ. ①中國歷史—史料—宋代
Ⅳ. ①K244. 066

中國版本圖書館 CIP 數據核字（2015）第 314371 號

全宋筆記　第七編　八

出版人　王劉純
特約編輯　陳　新
責任編輯　郭一凡
整體設計　張　勝
出版發行　大象出版社
鄭州市開元路16號(450044)
製　　版　上海杰申電腦排版有限公司
印　　刷　鄭州瑞光印務有限公司
版　　次　2016年2月第1版第1次印刷
開　　本　640mm×960mm　1/16　16印張
字　　數　193千字
印　　數　850册
定　　價　62.00元